습관은 반드시 실천할 때 만들어집니다.

좋은습관연구소에서 제안하는 19번째 습관은 '부의 시스템을 물려주는 습관'입니다. 많은 부모가 우리 아이는 나보다 더 잘사는 부자가 되었으면 하고 바랍니다. 이 책에서는 이런 부모님을 위해 우리 아이에게 어떤 교육을 해야 하고, 부모 스스로는 어떤 공부를 해야 하는지 총 20가지 습관을 담아보았습니다. 이 습관들을 잘 시켜나간다면 아이는 '평생 경제력'을 가진 독립적인 아이로 성장할 수 있을 것입니다.

경제 초보 엄마도 한다! 부의 시스템을 물려주는 습관

우리 아이 평생 경제력
이렇게 가르칩니다

김영옥 지음

좋은습관연구소

서문

"한국에 개츠비(소설이자 영화 『위대한 개츠비』에서의)가 이렇게 많았나?" "왜 이렇게 잘 먹고 잘 사는 사람들이 많지?" "다들 어디서 돈이 생기는 거야" "나만 돈이 없는 건가?"

최근 몇 년 사이 상대적 박탈감이 최대치에 이르고 있습니다. 아이들은 금수저, 건물주를 부러워하고 부모들은 자녀가 돈 걱정 없이 행복하게 살았으면 하는 마음으로 어떻게 하면 우리 아이를 '가난한 아이'가 아닌 '부자 아이'로 만들 수 있을까 고민합니다.

하지만 현실은 어떤가요? 2021년 4/4분기 말 가계대출 잔액은 1,755.8조 원으로 전 분기 말 대비 13.4조 원이나 증가했고, 신용카드 사용 잔액은 106.3조 원으로 5.7조 원 증가했습니다(통계청). 선진국 대비 우리나라의 가계부채가 높아 우려

된다는 뉴스는 계속해서 들려옵니다. 그러니 실제로는 큰돈을 벌어 부자가 된 사람보다, 알고 보면 빚만 잔뜩 떠안은 채 개츠비처럼 부자 행세를 하는 사람들이 더 많다고 보는 게 맞을 것 같습니다.

부자인척 하는 사람들 중에는 부족한 자신의 경제 능력을 보완하기 위해 부모나 형제자매에게 의지하는 경우도 많습니다. 통계청이 발표한 '2020 인구주택 총 조사'에 따르면 부모로부터 도움을 받아 생활하는 일명 '캥거루족'은 30대가 약 300만 명(7.5%), 40대는 88만 명(2.2%)이나 된다고 합니다. 이들은 취업 시기인 20대를 지나고서도 독립을 하지 못하고 여러 가지 이유로 부모의 도움을 받아 생활합니다. 이들이 이럴 수밖에 없는 이유에는 사회 구조적 문제도 한몫을 합니다. 많은 일자리가 사라지고, 독립하는 데 필요한 집이나 사랑하는 사람과의 결혼 문제 등은 청년들이 몇 년 더 일한다고 해서 절대 해결할 수 없는 것이 되고 있습니다. 그렇다보니 이들은 부모에게 의탁하면서 부를 쌓기 위한 준비보다는 현재의 소비에 만족하며 오늘을 보내고 있습니다. 당연히 이들 부모는 100세 가까이 길어진 자신의 노후를 걱정하면서 동시에 성인이 된 자녀까지 책임을 지는 이중의 고통을 겪고 있습니다.

저는 이 책에서 이런 시대 상황을 반영해 아이에게 돈을 물려주거나 경제적 지원을 해주기 이전에 어떻게 하면 아이가 독립적인 경제 활동을 할 수 있는지, 그러기 위해서 부모가 가르치고 미리 손 써두어야 할 것은 무엇인지를 정리해보았습니다. 바로 "부의 시스템을 물려주는 습관"입니다. 저는 이 방법을 정리하기 위해 지난 20년 동안 부자, 재테크, 돈 공부로 유명한 분들의 책을 읽고 그들이 공통으로 주장하는 바가 무엇인지 생각해보았습니다. 그리고 그렇게 알게 된 지식을 우리 집 아이들에게 적용해보고, 수업 나가는 학교의 학생들과 학부모들에게도 알려주고 당장 실천해보기를 격려했습니다.

이 내용은 사실 대단한 비법이 아니라 누구나 실천해 볼 수 있는 방법들입니다. (우리가 알고 있는 부자나 투자 고수들도 긴 안목에서는 결국 기본을 강조합니다. 아이들에게는 인생이라는 긴 안목에서 부를 어떻게 쌓을 것인지 알려주는 것이 중요합니다.) 돈에 대해 어떤 생각을 해야 하고, 절약과 소비는 어떻게 실천할 것이며, 이렇게 줄인 비용을 종잣돈으로는 어떻게 연결할 것인지, 궁극적으로 돈의 활용은 어떻게 해야 하는지 등입니다. 특히 돈의 활용은 바뀌는 경제 환경에 따라 그 방법도 매번 바뀔 수밖에 없어 현재의 경제 상황을 항시 주시하고 기민하게 움직이는 능동성을 필요로 합니다.

성장을 향해 질주하던 자본주의의 문제점이 여기저기 터

져 나오고 있습니다. 지구 온난화와 전염병 그리고 각종 불평 등, 매일 매일이 암담한 뉴스들로 가득합니다. 이제는 성장보다 지속 가능한 삶을 위한 경제로 가야 한다는 것이 세계 경제의 화두가 되었습니다. 저는 가정 경제도 마찬가지라 생각합니다. 어떻게 하면 돈을 많이 벌까, 어떻게 하면 부자가 될 수 있을까 이전에 우리 집에서 생각하는 돈은 무엇이고, 부자의 기준은 무엇이며, 가족들 모두가 만족하는 경제 시스템은 무엇인지를 결정하고 셋팅하는 것이라고 생각합니다. 그리고 그 과정에 아이를 참여시키고 하나씩 보여주는 것이라고 생각합니다.

많은 부모님들이 잘 모른다는 이유로 아이와 돈의 대화를 하거나 아이에게 돈을 가르치는 것을 어려워합니다. 저 역시, 우리 집 아이들과 돈에 대한 불편한 이야기를 하며 때로는 이해를 구하고 때로는 부모의 한계를 설명합니다. 하지만 아이들은 매번 제가 생각하는 대로 반응하지 않습니다. 우리 집 경제 시스템을 못마땅해하고 다른 집과 비교해 우리 집이 어떻다는 등의 불만을 얘기합니다. 그렇지만 아이들은 점점 커 갈수록 돈에 대한 자신의 입장을 정의하고 어떻게 벌고 쓰고 모으는 것이 현명한 것인지 스스로 독립적인 사고를 하기 시작합니다. 저희 아이들 역시 10대가 되고, 스무 살 성인이 되면서 "엄마가 알아서 해줘"가 아니라 "내 돈이니까 내가 알아서 잘 관리해 볼게요"라고 말하기 시작했습니다. 앞으로 여러 가지 시행착오를 거치겠지만 누구보다도 현명하게 돈을 다룰 줄 아는 어른으로 성장할 것입니다. (이 책을 보게 되면 제가 우리 집 아이들과 돈의 대화를 어떻게 시작하고 무슨 대화를 나눴는지 그리고 그 과정에서 부모인 나는 무엇을 준비했는지 하나씩 보실 수 있습니다.)

돈과 관련된 우리 집의 에피소드가 담긴 이 책을 읽으며 많은 분들이 우리 가족에 대한 궁금증이 일 거라 생각합니다. 시시콜콜한 일상의 에피소드를 공개하도록 허락해준 가족 모두에게 감사함을 전합니다. 남편 때문에 오기가 생겨 경제 강사라는 직업을 갖게 되었고 돈을 벌기 시작했지만 지금은 경제적 자유의 길을 알게 해준 남편에게 고마운 마음을 전하고 싶습니다. 음악대학을 다니는 큰딸, 얼마 전 고등학생이 된 작은딸 그리고 IT전문가이자 금융전문가로 오늘도 가족을 위해 애써주고 있는 남편에게 사랑의 마음을 전합니다.

차례

1부

아이에게 물려줘야 할 부의 시스템

❶ **부모로부터 독립하는 습관** – 네 똥은 네가 치워라 　　　　　15

❷ **용돈 관리 습관** – 여섯 개의 용돈 주머니를 관리하라 　　　　23

❸ **적정 소비 습관** – 내 물건이 바로 '나'다 　　　　　　　　　30

❹ **돈 경험 습관** – 작은 돈을 경험하게 하라 　　　　　　　　　42

❺ **사회 경험 습관** – 알바는 필수다 　　　　　　　　　　　　51

❻ **카드 사용 습관** – 신용카드 이것이 문제로다 　　　　　　　62

❼ **저축하는 습관** – 나만의 지니를 만들어라 　　　　　　　　　69

❽ **금융 셋팅 습관** – 이건 꼭 가입시켜라 　　　　　　　　　　79

❾ **돈의 대화를 하는 습관** – 불편한 진실을 마주하라 　　　　　91

❿ **돈의 흐름을 읽는 습관** – 미래의 돈을 보라 　　　　　　　105

2부

엄마도 함께 준비하는 부의 시스템

⓫ 은퇴 준비 습관 – 은퇴 설계부터 하라, 부모가 먼저다   119

⓬ 비상금을 준비하는 습관 – 비상금으로 비상하라   133

⓭ 벤치마킹 습관 – 롤모델을 찾아 따라하라   148

⓮ 돈을 새롭게 생각하는 습관 – 돈을 다시 생각하라   161

⓯ 돈 공부를 다시 하는 습관 – 돈 공부 책으로 시작하라   178

⓰ 경제 상식을 쌓는 습관 – 경제와 금융 자신감을 가져라   186

⓱ 투자하는 습관 – 자본이 일하게 하라   200

⓲ 평생 일하는 습관 – 평생 즐겁게 일하라   216

⓳ 경제적 자유를 얻는 습관 – 삶을 누려라   223

⓴ 행동으로 옮기는 실천 습관 – 지금 바로 행동으로 옮겨라   231

1부
아이에게 물려줘야 할 부의 시스템

①
부모로부터 독립하는 습관

네 똥은 네가 치워라

강아지 밥그릇에도 명품이 있다고 합니다. 가격으로는 200만 원이 넘는다고 합니다. 이걸 누가 살까요? 돈 있는 부잣집에서 살까요? 꼭 그렇지는 않습니다. MZ세대, 나아가 우리 집 아이들이 삽니다. 요즘은 젊은 세대가(지금의 중고등학생부터 이제 막 성인이 된 20대 대학생까지) 명품을 더 좋아합니다. 좋아하는 아이돌 멤버가 명품 옷, 명품 신발, 명품 액세서리로 치장한 사진을 보고는 명품에 대한 욕심을 키우기도 하고, 자신이 갖고 있는 명품 사진을 SNS 등으로 올려 또래들이 부러워하는 것을 즐기기도 합니다. 그래서 가품 조차도 마치 진품인 양 자신의 계정에 사진을 올리고 자랑을 합니다. 그리고 또 다른 이유도 있습니다. 부모 세대처럼 열심히 일해서 돈을 모아도 자동차나 집을 사는 것이 불가능하다고 생각해 "그 돈을 모아서 왜 거기에 써"라고 말하며 명품 소비에 돈을 씁니다.

이처럼 지금의 아이들은 우리와 아주 많이 다릅니다. 이제 막 성인이 된 아이들은 부모님이 주시는 용돈에 알바비까지 모아 명품을 사고 "플렉스"(일종의 과시)하면서 만족감을 느낍니다. 그래서 지금 친척 어른들이 주는 용돈이 몇 년 뒤에는 아이들 명품 구입비로 쓰여질지도 모릅니다. 상황이 이렇다 보니 이런 아이들 눈에 명품 하나 없는 엄마는 이해가 안 되고, 반대로 엄마들은 명품 사겠다고 용돈 모으는 아이들이 이해가 안 됩니다. 때로는 부모 자식 간에 명품을 놓고 흥정을 하기도 합니다. 아이는 "시험 잘 보면 명품 사주세요" 부모는 "좋은 대학 가면 사 줄게" 이렇게 서로 타협을 합니다. 이런 아이들에게 "부자처럼 보이지 말고 부자가 되라"고 조언하면 어떤 답이 돌아올까요? "부자 되기 싫은데요. 부자 되는 게 쉽겠어요? 그냥 부자처럼 보이는 게 더 좋아요"라고 답합니다.

아이가 고가의 물건이나 명품을 원한다면 사 줄 수도 있습니다. 하지만 그 끝은 어디일까요? 결국 나무 밑동만 남은

'아낌없이 주는 나무'가 되는 것 아닐까요? 다들 아시는 이야기지만 한 번 더 옮겨보겠습니다.

나무 한 그루가 있었습니다. 그 옆에 한 아이가 있었습니다. 이 아이는 나무 뒤에서 숨바꼭질도 하고 나무 위를 오르기도 했습니다. 그러다 지치면 나무 그늘 아래에서 낮잠을 자고 배가 고프면 열매를 따먹었습니다. 그러던 어느 날, 아이는 나무에게 이렇게 말합니다. "갖고 싶은 물건이 있는데 돈을 좀 줄 수 있니?" 나무는 대답합니다. "돈은 없지만 내 열매를 따서 팔면 돈을 마련할 수 있을 거야." 아이는 얼른 나무 위로 올라가 열매를 딴 다음 가버렸습니다. 그리고는 한동안 나무를 찾아오지 않았습니다. 아이가 성장하여 어른이 된 어느 날, 아이는 다시 나무를 찾아왔습니다. 이번에는 집을 마련해야 한다고 했습니다. 나무는 자신을 베어 집을 지으라고 했습니다. 아이는 나무를 베었고, 결국 모든 것을 내어준 나무는 밑동만 덩그러니 남게 되었습니다.

아버지와 아들 이야기도 옮겨보겠습니다. 가난한 동네에 매일 끼니를 걱정하며 사는 아버지와 아들이 있었습니다. 하루는 아버지가 허름하고 낡은 옷 한 벌을 아들에게 건네며 물어보았습니다. "이 옷을 2달러에 팔아보겠니?" 아들은 "이렇게 낡은 옷을 누가 2달러에 사겠어요? 1달러에도 안 팔릴 것 같아요." 아버지는 아들에게 옷을 건네며 말했습니다. "그래도 한 번 팔아보지 않을래?" 아들은 한참을 고민하다가 "네, 한번 해 볼게요. 하지만 기대는 하지 마세요"라고 대답했습니다. 아이는 옷을 팔기 위해 어떻게 해야 할지 고민했습니다. 일단 낡은 옷을 다시 빨고 말리고 다림질해서 최대한 새 옷처럼 만들었습니다. 그리고 사람들이 많은 곳으로 가서 용기를 내어 큰 소리로 외쳤습니다. 드디어 옷이 팔렸습니다. 아이는 기쁜 마음으로 아버지에게 달려갔습니다. 며칠 후, 아버지는 이번에도 낡고 허름한 옷을 들고 와서 아이에게 건넸습니다. "이 낡고 허름한 옷을 20달러에 팔 수 있겠니?"라고 다시 물었습니다. 아들은 아버지가 이해되지 않았습니다. 아버지는 이번에도 아이에게 "지난번에도 할 수 없을 것 같았지만 잘 해냈으니 이번에도 고민하다보면 좋은 방법이 떠오를 거야"라고 말했습니다. 아들은 다시 며칠을 고민하다 좋은 아이디어를 생각해냈습니다. 그림을 잘 그리는 친구에게 귀여운 캐릭터를 그려 달라고 하고서는 드디어 20달러에 그 옷을 팔았습니다.

앞의 두 이야기 어떻게 생각하시나요? 부모가 부자이면 당연한 거고 부자가 아니면 무능한 걸까요? 아낌없이 주는 나무처럼 결국 밑동만 남아도 자녀에게 다 퍼주어야 하는 걸까요? 본인이 직접 돈을 벌어오면 되지 왜 아이에게 시키느냐고요? 물고기 잡아주면 되지 왜 굳이 물고기 잡는 방법까지 알려주느냐고요? 부모는 아이의 행복을 위해 하늘의 별도 따주고 빚을 내서라도 원하는 것을 해주고 싶어합니다. 그리고 아이가 어려움 겪지 않도록, 실패하거나 넘어지지 않도록 그리고 남부럽지 않게 살도록 혼신을 다해 아이를 보살피려 합니다. 그런데 이렇게 하는 것이 과연 옳은 것일까요? 어떤 것이 부모의 진짜 역할일까요?

많은 부모들이 본인은 힘들어도 아이에게는 좋은 환경을 만들어주고 싶어합니다. 그래서 헬리콥터처럼 아이 주변을 맴돌다 부족한 것은 없는지 매번 확인하며 챙겨줍니다. 슈퍼맨, 슈퍼우먼처럼 아이 주변에 있는 각종 장애물을 제거하고 아이가 좌절하거나 실망하지 않도록 아이를 지켜줍니다. 그렇게 아동기를 보내고 나면 아이는 학교와 학원 생활로 바쁜 중고등학생이 됩니다. 이때부터는 열심히 일해서 번 돈 대부분을 아이 관리에 씁니다. 부모는 일하기 바쁘고 자식은 학원 가기 바쁘고 그러다 보니 부모는 아이에게 진짜 필요한 얘기, 진짜 가르쳐야 할 것들을 모두 미루고서 삽니다. 그렇게 소중한 시간을 놓쳐버립니다.

아이를 키우는 최종 목표는 무엇일까요? 저는 아이가 성인이 되어 스스로의 삶을 살아갈 수 있게 독립하는 것이라고 생각합니다. 그러니 부모는 아이를 독립시키는 일을 제일 중요한 목표로 삼아야 합니다. 경제 교육도 마찬가지입니다. 우리 아이 부자 되기, 다 좋습니다만 근본적인 목표는 부모로부터 벗어나 경제적 독립을 이루는 것입니다. 역사상 가장 풍요로운 시대를 살고 있는 아이들이지만, 이제는 부모보다 더 못 사는 세대가 될 수도 있습니다. 그래서인지 성인이 된 자녀들도 부모 그늘에서 벗어나는 걸 두려워합니다. 이런 아이들에게 우리는 무엇을 해야 할까요? 저는 단언컨대 이렇게 말씀드리고 싶습니다.

"아이의 경제적 독립을 위해서 아이가 성장하면서 해야 하는 일들을 알려주고 그것이 습관이 되도록 해야 한다. 기본적인 생활 습관, 기본적인 경제 습관의 틀과 규칙을 알려주어야 한다. 부모의 노고를 당연히 누려야 하는 것으로 생각하는 것이 아니라 감사와 책임을 알려주어야 한다."

북유럽 국가들은 복지가 잘 되어 있습니다. 어떤 이들은 복지시스템이 너무 잘 되어 있으면 복지병에 걸려서 사람들이 무기력해지고 무능해진다고 말합니다. 그런데 그런 일은 일어나지 않습니다. 무슨 이유 때문일까요? 바로 '책임'을 지게 하기 때문입니다. 국가가 제공하는 것들을 누리되, 사회적 책임을 다합니다.

몇 년 전 가족이 함께 해외여행을 갔습니다. 남편이 큰아이에게 여행 스케줄을 전적으로 맡겼습니다. 아이는 신이 나서 여행 계획을 짰습니다. 그런데 여행 내내 남편과 저는 매우 화가 났습니다. 아이에게 여행 일정을 맡겼더니 쇼핑센터만 찾아다녔고, 진열된 물건들을 보며 눈이 휘둥그레지는 일만 발생했습니다. 지나고 나니 여행 떠나기 전 일정을 한번 체크했어야 했는데 싶었습니다. "엄마, 아빠가 원하는 곳도 가고, 너희가 원하는 곳도 가고" 이런 기본적인 틀, 기본적인 룰만 미리 제시했어도 가족 모두가 만족하는 여행이었을 것입니다.

우리집의 기본적인 틀, 기본적인 규칙을 알려주세요. 서툴러도 느려도 아이 스스로 할 수 있습니다. "엄마! 제가 지금 좀 바쁜데 엄마가 해줄래요?" "엄마도 바빠. 네 일이니까 네가 해." 아이 입장에서는 무척 서운하게 들릴 수 있습니다. 그리고 싸움의 씨앗이 될 수 있습니다. 그럼에도 그렇게 말해야 합니다. 아이는 자신이 해야 하는 일을 어떻게 하면 가장 빨리할 수 있는지 잘 알고 있습니다. 그 방법은 부모가 대신해주는 것입니다. 부모 입장에서는 아이가 실수하지 않고 해야할 일을 잘할 수 있었으면 하는 바램이 있더라도 참고 기다려야 합니다. 아이가 어리다면 부모가 옆에서 조언해주고 도와줄 수 있는 있지만, 청소년기가 지나고 나면 아이 스스로 자신의 몫을 감당할 수 있도록 해야 합니다. 아이가 성장할 수 있는 기회를 부모가 뺏지 않도록 부모 몫과 아이 몫을 잘 분별하는 게 중요합니다.

💬 꼭 해야 하는 말

- 유아기: "물건을 소중히 다루고 정리는 네가 하는 거야."
- 아동기: "식사를 하고 나면 '잘 먹었습니다'라고 말하고 뒷정리도 해야 한다."
- 청소년기: "화장실에서 볼일을 보고 난 뒤 변기가 막혔으면 치우는 것도 네가 하는 거야." "명품을 사고 용돈 부족하다고 손 벌리지 마라." "네 용돈이 소중한 것처럼 부모 돈도 소중하게 생각해야 돼." "학교 지각한다고, 학원 늦는다고 픽업해달라고 하지 마라."

💬 절대 하지 말아야 하는 말

- "엄마가 다 알아서 해줄 테니 너는 공부나 열심히 해."

②
용돈 관리 습관

여섯 개의 용돈 주머니를 관리하라

"아이가 6학년인데 한 달 용돈으로 만 원을 줍니다. 책 읽기, 일기 쓰기를 잘하면 300원씩 책정해서 매달 정산을 해줍니다. 숙제와 공부를 제시간 안에 못 하거나 밤 11시까지 폰을 안방으로 가져오지 않으면 벌금을 내라고 합니다. 집에 있는 과자도 돈을 어느 정도 지불해서 사 먹게 합니다. 하도 시도 때도 없이 먹고, 냉장고 문을 열었다 닫았다 해서 특단의 조치를 취했습니다."(까만 머리님)

"저희 아이는 중1(남)인데 돌아서면 배고프다고 하며 많이 먹어요, 친구들과 편의점을 자주 가거든요. 주로 잘 사 먹는

거로 한 달 치를 계산해서 미리 줍니다. 친구들 먹을 때 구경하지 않게 하려고요."(파랑새님)

"중3, 저희는 딸아이입니다. 제가 다 알아서 챙겨주니 따로 용돈을 주지는 않아요. 아빠 신용카드를 주고 어디서 무엇을 사 먹었는지 확인합니다."(SITH님)

"저희는 한 달에 한 번 용돈을 줍니다. 초6은 2만 원, 중2는 3만 원."(젤리님)

"초등 6학년 1만 5천 원, 중2는 2만 원, 한 달에 한 번 체크카드에 넣어줍니다."(미소님)

"고1 아들입니다. 교통비 따로 주고 용돈은 한 달에 10만 원이요. 방학 때는 안 줍니다."(해피해피님)

집집마다 용돈을 주는 방법도 그리고 금액도 참 다양합니다. 용돈 관리는 어떤 방법이 맞다, 틀리다 정해진 것은 없습니다. 위의 사례처럼 우리 집의 용돈 규칙이 정해졌다면 일관성 있게 그리고 규칙적으로 용돈을 주면 됩니다. 단, 어떤 곳에 쓰는 것인지 아이와 함께 용돈 사용의 범위를 정하고 너무 많지도 너무 적지도 않은 금액으로 정하는 게 중요합니다. 용돈은 어른들이 아이들에게 주는 돈이지만 스스로 생각해서 사용해야 하는 자신의 돈임을 아이 스스로 알게 하는 것이 중요합니다.

맨 먼저 부모는 용돈을 통해 무엇을 가르쳐야 할지 생각해야 합니다. 집에서 받는 용돈을 당연히 받는 것이 아니라 감사하는 마음으로 받도록 하고 용돈으로 저축도 할 수도 있고, 필요한 것을 사는 데도 쓸 수 있고, 기부나 투자를 하는 데도 쓸 수 있다고 알려줍니다. 그리고 돈을 어디에 어떻게 사용하는지 '돈의 흐름'을 보는 습관을 들이도록 용돈 기입장도 쓰게 합니다. 요즘은 앱을 통해서 누구나 편리하게 용돈 기입장을 쓸 수 있습니다. 하지만 아이들 입장에서 용돈 기입장을 쓰는 것은 어른들이 가계부 쓰는 것만큼이나 귀찮고 지루한 일인입니다. 그러니 아이가 힘들어하면 억지로는 시키지 않는 게 좋습니다. 그리고 내 돈의 흐름을 볼 수 있도록 가급적 현금을 주고, 봉투나 빈 통을 이용해 각각의 용돈 사용처를 미리 적게 한 다음, 돈을 용도에 맞게 쪼개 놓고 쓰도록 합니다.

용돈을 정기적으로 주기로 약속했다면 정해진 날짜에 주고 아이가 알아서 사용하도록 일단은 지켜봅니다. 그리고 한 달에 한 번 정도 점검을 합니다. 그런 다음 아이가 용돈 사용에 어느 정도 익숙해졌다 싶으면 아이 스스로 할 수 있도록 내버려 둡니다. 부모는 아이가 용돈을 관리하고 스스로 흐름을 볼 수 있도록 규칙적으로 주기만 하면 됩니다. 학년이 올라가면 씀씀이도 커지고 쓸 곳이 많아져 용돈을 올려 달라는 얘기를 합니다. 이때도 너무 많거나 너무 적게도 아닌 약간 부족 할 정도로만 올려줍니다. 그리고 아이 스스로 부족한 용돈을 어떻게 마련할 수 있을지 생각하도록 합니다.

아이에게는 부모님이 주는 용돈만이 전부가 아닙니다. 또 다른 용돈 주머니 그것도 아주 두둑한 용돈 주머니가 있습니다. 그것은 바로 부모의 지인들과 친척들이 주는 돈입니다. 이것을 '식스 포켓'(혹은 에잇 포켓, 텐 포켓이 되기도 합니다)이라고 합니다. 요즘은 한 집에 아이가 하나둘 정도 밖에 안 되다 보니 아이가 귀합니다. 그러니 한 아이에게 6개 또는 8개, 10개의 지갑이 열립니다. 할머니, 할아버지, 외할머니, 외할아버지, 엄마아빠의 친구들. 그리고 여기에 조카를 너무나 사랑하는 결혼 안 한 '조카 바보'도 있습니다. 싱글이고 자녀가 없는 이모, 고모, 삼촌이라면 조카는 자식과도 같은 존재입니다.

"우리 손주 학교 생활하기 힘들지? 자, 이 돈으로 맛있는 것도 사 먹고, 사고 싶은 것도 사도록 해." "어머! 벌써 이렇게 컸어? 자, 얼마 안 되지만 용돈에 보태 써." "갖고 싶은 거 있으면 말해. 삼촌이 조카를 위해서 그거 하나 못 사주겠니?"

백화점의 아동용 명품 브랜드들은 아이에게 돈을 아끼지 않는 어른들의 지갑으로 불황이 없을 정도입니다. 영유아부터 초등생을 대상으로 하는 이 시장을 엔젤 산업(키즈 산업)이라고 합니다. 한 경제 잡지에 의하면 2002년 8조에 이르던 이

시장은 코로나가 시작되기 전인 2018년에 무려 40조 규모로까지 성장했다고 합니다. 이런 분위기에는 연예인 자녀들이 등장하는 TV 예능 프로그램들이 한몫을 담당했습니다. TV에 한 번씩 물건이 비춰지면 인기리에 판매가 된다고 합니다. 엔젤 산업은 의류, 장난감, 식품, 가구뿐만 아니라 금융과 교육 콘텐츠 등 서비스 산업으로도 점점 확대되고 있습니다. 최근에는 태블릿PC나 스마트폰을 쓰는 아이들이 많아지면서 게임, 영상 콘텐츠 사업도 급부상하고 있습니다. 해마다 출산율은 줄어드는데 아이들을 대상으로 하는 엔젤 산업은 오히려 폭발적인 성장을 하고 있습니다. 엔젤 산업이 이렇게 성장하는 데에는 부모님의 경제적 능력, 맞벌이 부부의 증가, 저출산의 이유도 있지만 친인척들이 주는 두둑한 용돈, 식스 포켓이 중요한 역할을 했습니다.

아이가 태어나면서부터는 돌잔치, 아이 생일, 어린이날, 크리스마스, 명절, 초등학교 입학과 졸업, 중학교 입학과 졸업, 고등학교 입학과 졸업 그리고 대학 입학까지. 때마다 아이들 주머니로 각종 용돈들이 다양한 명목으로 들어옵니다. 이렇다 보니 아이들도 때가 되면 은근히 기대하고 친구들에게 자랑도 합니다. 그런데 이 돈의 출처는 어디일까요? 아시다시피 부모인 내가 내 조카에게 준 용돈이고, 아버지 어머니에게 드린 용돈입니다. 그 돈이 돌고 돌아 다시 우리 아이의 호주머니로 들어오는 것입니다. 이렇게 들어온 돈을 그때그때 흐지부지 써버리면 사라지고 없어지는 돈이 됩니다. 하지만 한 푼, 두 푼, 만 원, 이만 원, 십만 원이 모이면 몇 년 후엔 몇백만 원으로 불어날 수 있는 돈입니다. 아이가 어릴 때는 부모가 관리하지만 커가면서는 자신의 주머니에 들어온 돈은 자신의 돈이라고 주장합니다. 그래서 그전에 이 식스 포켓을 관리해야 합니다.

아이들이 갖고 싶어하는 장난감이나 게임기, 핸드폰 등 모바일 기기 등은 고가의 것이 많습니다. 이런 물건을 살 때는 부모님의 지갑을 열어서 사주는 것보다는 아이의 식스 포켓을 이용하는 게 좋습니다. 유대인들은 '바르 미츠바'라는 성년식(남자 13세, 여자 12세)을 거하게 치르는데, 이때 친인척이 준 돈을 저축하거나 주식이나 펀드 등으로 투자하도록 하고 아이가 스무살이 되었을 때 찾아 쓰게끔 합니다. 우리도 유대인들처럼 아이들의 식스 포켓에 들어온 돈을 모아서 아이 이름으로 저축하거나 투자하는 일을 해보면 좋겠습니다.

💬 식스 포켓 관리법

- 유아기: 아이 이름의 통장을 만들고 통장 안에 차곡히 넣어줍니다. 그렇지 않으면 아차 하는 순간 생활비에 묻혀 돈은 사라지고 아이들은 쑥 커버립니다.

- 아동기: 아이가 어릴 때는 통장에 저축하는 것이 가능하지만 아이가 커서는 자기 돈이라고 마음대로 사용하려고 합니다. 그래서 그전에 아이와 식스포켓에 대한 규칙을 정하면 좋습니다. 예를 들어 초등학교 3학년까지는 100% 저축, 4학년 이후 80% 저축, 6학년 이후 60% 저축, 중학생 1학년 2학년 50% 저축, 중3 이후는 스스로 관리. 이런 식으로 미리 저축의 정도를 정해두는 것도 좋습니다. 핵심은 얼마의 금액이라도 스스로 저축하는 습관을 갖게 하는 것입니다.

③
적정 소비 습관

내 물건이 바로 '나'다

"요즘 어떤 게 인기상품이지?"

인터넷의 후기를 찾아본 후 매장으로 직접 가서 구매하는 사람이 있습니다. 반대로 매장을 방문해 요모조모 살펴본 후 인터넷으로 구매하는 사람도 있습니다. 또는 인터넷이든 매장이든 "1+1 이라고? 이번 기회 놓치면 손해지"라며 이벤트 위주로 상품을 구매하는 사람도 있습니다.

이들 모두 각자의 기준대로 합리적인 소비를 했다고 생각합니다. 그렇다면 '합리적 소비'란 무엇일까요? 바로, 필요와 욕구를 구분하고 즐거움보다 가치를 추구하는 소비를 말합니다. 이와 반대인 과시 소비, 과소비, 모방 소비, 충동 소비는 모두 비합리적 소비입니다. 합리적 소비라고 말하는 잣대 안에는 어떤 객관적인 기준보다는 개인적 판단을 가지고서 기준을 삼는 게 맞습니다. 그래서 남들이 보기엔 과시 소비 같고 충동 소비 같지만 내가 만족할 수 있고, 즐겁고, 가치 있다고 생각한다면 그것은 합리적 소비입니다.

지금 우리가 사는 사회는 생존을 위한 소비, 물건 그 자체를 사용 한다기보다 부가된 가치를 소비하는 경우가 훨씬 더 많습니다. 집에서 마시는 커피와 유명 브랜드 커피숍에서 마시는 것에는 어떤 차이가 있을까요? 브랜드 커피숍에서 더 많은 돈을 내고 마시는 것은 단순히 커피 맛을 따지는 것은 아닐 겁니다. 비싼 차를 타는 이유도 비싼 시계를 사는 이유도 단순히 이동하고 시간을 보기 위해서만은 아닙니다. 더 많은 돈을 내고 물건을 소비하는 것에는 그 안에 숨겨진 부가가치가 더 높다고 판단하기 때문입니다. 그런데 우리는 이 가치를 두고 현실에서 아이들과 부딪힐 때가 많습니다.

자본주의를 살아가는 요즘 아이들을 표현할 때 김연아 키즈, 박세리 키즈처럼 키즈라는 단어를 붙여서 '자본주의 키즈'라고 합니다. 이들은 어려서부터 자본주의 요소들(돈, 소비, 광고 등)에 거부감 없이 노출되어 이를 자연스럽게 받아들입니다. 이 아이들은 옷을 사고 신발을 사면서 발이 편한지, 제품은 튼튼한지 성능이나 기능은 따지지 않고 브랜드 자체가 좋아서 사기도 합니다. 쓸모에 의한 소비보다는 행복을 추구하고 자신의 가치관을 보여주는 소비를 합니다. 이런 걸 두고 '가심비'(가격대비 마음의 만족)라고 한다죠? 가성비는 가격이 싼 것을 고르는 게 합리적 소비지만, 가심비는 조금 비싸더라도 자신을 위한 것 자신 마음에 드는 제품을 고르는 소비입니다.

"돈 worry, be 해피."

모든 청소년들이 그렇다는 건 아니지만 몇몇 청소년들에게 명품 소비는 자신의 외적 가치를 높일 수 있는 중요한 방편입니다. 이들에게는 명품을 사는 것이 지극히 합리적인 소비입니다. 그래서 한정판(리미티드 에디션)을 구하기 위해 새벽부터 줄을 서고, '오픈 런'(샵 앞에 대기하고 있다. 문이 열리자마자 뛰어들어가 원하는 제품을 선택)을 통해 구매에 성공하고 나면 마치 게임에서 이겼다고 생각하며 희열을 느낍니다. 어떤 이들은 구매한 상품에 웃돈을 얹어 되팔기('리셀테크'라고도 함)도 하고, 필요 없다 싶으면 중고 거래를 통해 미련없이 팔기도 합니다. 그래서 생존과 생활을 위한 소비가 아니라 예뻐서, 우울하니까, 불안해서, 화나서 그냥 물건을 삽니다. 당연히 부모님은 이런 아이들이 이해되지 않습니다. 또래 문화나 SNS 문화 그리고 자신의 가치를 명품을 통해 드러내려는 10대(혹은 이제 막 20대가 된 아이들)들의 소비문화를 아예 이해 못 하는 것은 아니지만 무분별한 사치로 이어지지 않을까 걱정스럽기도 합니다. 경제 활동이 없는 청소년 시기의 명품 소비에 대해 기성세대의 시선으로 보고 잔소리를 하기 시작하면 아이들은 꼰대 같은 발언이라고 생각하고 부모와 대화하는 노력을 기울이지 않습니다.

이러한 아이들의 심리를 가장 잘 파악하는 곳이 기업입니다. 자본주의 키즈에게 물건을 팔 때 부모를 자극하거나 아이들의 감성을 자극하여 부모를 조르도록 합니다. 마케팅을 통해 오감을 자극하고 무의식중에 물건을 구매하고 자신의 소비를 합리화하도록 유도합니다. 기업은 소비하지 않고는 못 배기도록 문구 하나, 이벤트 하나, 영상 하나에 모든 수단을 총동원하여 욕구를 자극합니다. 어른인 우리가 봐도 혹하는 것들이 너무 많습니다. 할인 상품, 무료 샘플은 우리를 향한 선심과 호의 같지만 결국은 돈을 더 쓰게 하는 마케팅입니다.

그렇다면 우리의 지갑을 지켜줄 무기는 아예 없는 걸까요? 어떻게 하면 내 지갑의 돈을 지킬 수 있을까요? 내 돈, 내 지갑을 지켜줄 무기는 바로 '자존감'입니다. 보여지는 것에 지나치게 집중하는 것은 낮은 자존감을 메우기 위함입니다. 아이들은 최신 유행품을 남들보다 먼저 소유하면 친구들 사이에서 인기가 많아진다고 생각합니다. 물론 보여지는 것, 외모를 가꾸는 것, 욕구를 소비하는 게 나쁜 것은 아닙니다. 다만 그것이 전부인 양 생활하면 안 된다는 것입니다. 아이가 원하는 물건이 있다면 진짜 필요한 것인지 아니면 타인과의 비교 때문인지 혹은 그냥 유행을 따르고자 하는 것인지 아이 스스로 생각하게끔 해야 합니다. 그리고 그렇게 구매한 물건이 일정 시간이 흐른 뒤 만족감은 얼마나 지속되는지도 물어봐야 합니다.

아이의 생각을 경청하는 것은 무척 중요한 일입니다. 그런 다음 부모로서 적절한 조언을 해주면 됩니다. 아이에게 '겉사람'으로 치장하기보다 '속사람'을 가꾸고 치장하는 것이 먼저임을 알려줍니다. 그리고 부모 역시 아이의 자존감을 높여주는 말과 행동을 하고 있는지 생각해봅니다. 무심코 한 말로 인해 아이의 자존감을 낮춘 적은 없는지, 부모 스스로는 남들의 시선이나 자존감 때문에 물건을 구입하고 있지 않은지 생각해보아야 합니다. 하지만 이런 일들이 쉽지만은 않습니다. 그래서 누구나 알고 있는 내용이지만 실제로 행동으로 옮기기가 어려운 게 합리적인 소비입니다.

이제 팁을 하나 드리겠습니다. 팁은 바로 구매 과정에서 시간을 끄는 지연작전입니다. 어떤 물건을 살 때 필요한 것인지 아니면 원하는 것인지 필요와 욕구를 구분합니다. 하지만 대부분은 꼭 필요한 것이라고 자신을 합리화시킵니다. 하지만 그렇게 구매했다가 돌아서면 "괜히 샀다 안 사도 되는데"

이렇게 후회를 하는 경우도 많습니다. 만약 아이가 물건을 사고 후회하기를 반복한다면 잔소리보다는 소비와 소비 사이의 간격을 최대한 늘리는 방법을 알려줍니다.

요즘 중고등 학생 정도만 되어도 스스로 온라인 검색을 통해 인터넷 쇼핑을 합니다. 아이들에게 사고 싶은 물건을 장바구니에 넣어두고 며칠만 천천히 결제를 해보라고 합니다. 아이들이 인터넷으로 많이 사는 것 중 하나가 핸드폰 케이스입니다. 자신의 핸드폰 기종이 친구들보다 낮다고 생각하는 아이들일수록 핸드폰 케이스를 통해서 그것을 극복하려고 합니다. 그래서 눈에 띄는 케이스가 있다면 바로 결제하고 하루가 멀다 하고 택배가 날아오게끔 합니다. 그런데 핸드폰 기종이라는 게 또 금세 바뀌고, 케이스도 금방 싫증을 느껴 몇 달 써보지도 않고서 구석에 처박아 두는 일이 비일비재합니다. 결국 자주 사용하는 케이스는 한두 개입니다. 아이가 결제하기 전에 자신이 갖고 있는 케이스를 모두 꺼내 보게 하고, 장바구니에 며칠 묵혀 둔 다음 결제하도록 알려줍니다. 그렇게 묵혔다가 다시 꺼내 보면 구매에 대한 마음이 바뀔 수 있고 생각이 달라질 수 있다는 것을 아이는 알게 됩니다.

좋아하는 치킨이나 라면을 매일 먹으면 어떻게 될까요? 매일 맛있게 먹을 것 같지만 꼭 그렇지는 않습니다. 세상에서 가장 맛있는 치킨은 '오랜만에 먹는' 치킨입니다. 세상에서 가장 맛있는 라면은 어쩌다가 옆에서 얻어먹는 '한 입만' 라면입니다. 오랜만에 먹는 치킨이 맛있고 옆에서 먹는 한 입만 라면이 맛있는 것처럼, 소비 생활에도 넘치도록 풍족한 것보다는 부족한 듯 인내하며 모은 돈으로 산 물건이 더 큰 행복감을 줍니다. 따라서 소비와 소비 사이에 간격을 최대한 두는 것이 좋습니다. 장바구니에 구매할 물건을 며칠 묵혀 두는 것과 함께 일종의 쇼핑 주기를 아이들과 상의해서 정하는 것도 추천하는 소비 습관입니다.

디지털 세상, 온라인 환경은 소비가 쉬운 시대로 우리를 이끌어 왔습니다. 여러 쇼핑몰의 가격을 비교할 수 있으며 클릭 몇 번이면 쉽게 결제하고 바로 내 집 앞까지 배송되는 '편리함의 끝판 왕'같은 시대입니다. 아무리 저렴하고 싸다고 해도 소비자는 그 돈을 벌기 위해 일합니다. 신용카드를 사용하고 카드 빚을 갚기 위해 일하고 또 다시 소비하고 일하고, 결국 쓰고 일하는 반복이 우리의 삶일지도 모릅니다.

소비 생활을 하지 말고 물건을 사지말라는 것은 아닙니다. 소비 감각을 키워야 합니다. 물건의 본질적 가치를 보는 가치 소비, 필요한 것에 쓸 줄 아는 소비 감각을 키워야 합니다. 이것은 불필요한 물건에 돈을 쓰지 않는 것에서부터 시작합니다. 불필요한 소비를 하지 않으려면 앞서 설명해 드린대로 시간을 늦춰 구매해보는 습관이 필요하고, 내가 가지고 있는 물건이 어떤 것들인지 확인하는 습관이 필요합니다. 그러려면 내가 소유하고 있는 것들의 정리정돈이 우선입니다. 아이들은 예쁜 디자인에 신제품이라는 이유로 이미 있는 연필, 필통, 지우개 등을 반복해서 삽니다. 부모도 공부하는데 필요한 학용품이라 생각하고 아이가 원하면 무심결에 사줍니다. 그러나 이는 잘못된 소비 감각을 키우는 일입니다.

부모와 아이가 함께할 수 있는 소비 습관 만들기에는 어떤 것이 있을까요? 먼저 정리하는 습관을 가질 수 있게 도와주는 것이 필요합니다. 아이들이 어린 경우 부모님이 대신해서 아이들의 물건을 정리해줄 때가 많은데, 스스로 정리하게끔 해야 합니다. 아이에게 최근에 많이 사용했는지 1년 동안 한 번도 사용하지 않았는지 물건에 추억이 있는지 없는지 생각하게 하고 불필요한 것들을 정리하도록 도와주며 물건의 위치를 정합니다. 불필요한 것들을 정리한다는 것은 더이상 필요하지 않은 것과 꼭 있어야 하는 것을 선택하여 스스로 결정한다는 것을 뜻합니다. 그렇게 물건의 위치를 정하고 제 위치에 놓는 것은 필요한 물건인지 아닌지를 스스로 결정하는 방법입니다.

세상의 모든 물건이 다 있을 것 같은 다이소(잡화점)에 가면 부자가 부럽지 않습니다. 얼마 아 되는 돈으로 여러 가지 물건을 다 살 수 있습니다. 아이와 함께 간다면 물건을 사기

전에 반드시 옷장, 책장, 서랍장, 신발장 등 내 방의 물건을 떠올리게 하고(혹은 미리 집에서 정리를 한 번 하고) 물건을 고르도록 합니다. 자신이 가지고 있는 물건인데 기억하지 못했던 것들이 빼꼼히 얼굴을 내밀 것입니다. 그리고 물건을 하나 산 후에는 반드시 내가 가지고 있는 다른 하나를 정리해야 그 자리에 새로 산 물건이 들어갈 수 있다는 것도 알려줍니다. 그렇지 않으면 방은 창고가 될 수밖에 없습니다.

아이와 함께 공원이나 학교에서 하는 바자회, 벼룩시장을 찾아보는 것도 좋습니다. 요즘은 중고 거래를 할 수 있는 앱이 있어 이를 이용하기도 하는데, 멀쩡하게 잘 사용하는 물건을 내다 파는 청소년도 있다고 합니다. 물건을 팔아서 돈을 벌려는 생각보다 자신의 물건 중에 불필요한 것들을 정리하고 물건을 살 때 신중하게 고민하고 사야 한다는 것을 알려줍니다. 그리고 한 번도 사용하지 않은 물건, 쓰지는 않지만 버리기 아까운 물건 등은 기부 단체로 기부하는 방법도 알려줍니다. 그리고 벼룩시장 등을 통해 다 읽은 동화책, 더이상 가지고 놀지 않는 장난감, 안 입는 옷, 안 신는 신발 등을 팔아보기도 하고 반대로 사보는 경험도 해봅니다. 자신의 물건을 팔아보면서 내가 산 물건이 누군가에게 필요한 물건이 되는 것을 보기도 하고, 반대로 나에게 필요한 물건을 직접 골라보기도 하면서 서로가 원하는 것을 얻는 과정을 경험해보도록 합니다.

물건에 대한 자신의 욕구 조절법을 익히는 것과 함께 눈에 보이지 않는 시간을 소비하는 방법에 대해서도 이야기해 봅니다. 돈을 아끼기 위해 시간을 쓸 것인가, 시간을 아끼기 위해 돈을 쓸 것인가? 여러분은 이 질문에 대해 어떻게 생각하나요? 우리는 "시간은 돈이다"라고 알고 있으면서도 돈을 아끼기 위해 시간을 쓰기도 합니다. 온라인 쇼핑을 안 해본 분들은 없을 건데요, 온라인이라는 편리함이 습관적으로 쇼핑 앱을 열게 만들고, 끊임없이 이곳저곳으로 가격 비교를 다니게 합니다. 그런데 이게 혹시 안 써도 될 시간을 쓰는 것이라고 생각해본 적 없나요? 쇼핑 앱을 습관적으로 열고 이것저것 싸게 구입할 수 있는 게 없는지 매일 살피는 분들도 많습니다. 이제 막 성인이 된 아이가 핸드폰으로 계속 이런 일만 반복하며 시간을 쓰고 있다면, 아이는 부자가 되는 습관이 아니라 가난해지는 습관을 가졌다고 냉혹하게 말해야 할지도 모릅니다.

혹자는 쇼핑 앱을 열고 새로운 '신상'을 살펴보는 것이 스트레스도 풀고 휴식을 취하는 방법이라고 얘기합니다. 일견 타당해 보입니다. 하지만 그것은 소비의 노예가 되는 것과 같습니다. 소비를 통해서만 휴식과 희열을 느끼는 것은 올바른 휴식 방법도 아닙니다. 아이에게 시간의 가치를 알려주며 아이와 함께 즐거운 추억을 만들어 보세요. 함께 회상하며 그것이 돈보다 더 소중하고 중요한 것임을 알려주세요.

　아이들은 성장하면서 자신만의 세계를 만들어갑니다. 자신만의 공간과 시간을 가지며 또래 아이들과 소통합니다. 손에는 스마트폰, 귀에는 무선 이어폰, 눈에는 영상을 담고 자신의 공간, 자신의 세계에서 나오지 않습니다. 아이들이 무엇을 보고 무엇을 듣는지 무슨 생각을 하는지 알기 어렵습니다. 아이들은 자신이 원하는 물건, 갖고 싶은 것이 생기면 그때서야 방문을 열고 자신의 세계에서 나와 부모에게 다가옵니다. 평소에는 어디에 숨었는지 찾기 힘든 고양이가 필요한 게 있으면 슬며시 나타나는 것처럼 말입니다. 그때마다 부모님은 반가운 마음에 지갑을 열고 아이가 원하는 걸 사주기 바쁩니다. 하지만 이런 식의 소비는 아이에게 좋은 습관을 물려주는 방법이 아닙니다.

　기업은 아이들이 놀 수 있게 판을 깔아주고 재미와 즐거움을 주면서 원하는 것들을 제시합니다. 그리고 이보다 더 좋은 것은 없다며 서둘러 구매하도록 권합니다. 이런 세상에서 부모들은 아이들이 자존감 있는 존재로 적정한 소비를 할 수 있도록 도와주어야 합니다. 소비 환경에서 주체적으로 생각하고 행동할 수 있도록 하는 습관, 우리 아이에게 가장 중요하게 가르쳐야 할 습관입니다.

💬 자존감을 갖고 적정하게 소비하는 습관 만들기

- 유아기: 아이와 장난감을 가지고 논 후 함께 정리하며 소중하게 생각하는 물건은 무엇인지 이야기합니다.
- 아동기: 아이의 물건에 어떤 추억이 있는지 이야기해봅니다. 부모와 함께 바자회, 벼룩시장, 중고 거래에 참여해봅니다. 물건을 구매한 후 영수증을 확인하며 지출이 제대로 되었는지 확인합니다. 1주일에 한 번은 스스로 자신의 물건을 정리하며 필요한 것, 소중한 것, 불필요한 것을 구분하도록 합니다. 1주일에 한 번 방 정리를 마쳐야 용돈을 지급하는 방법을 쓰기도 합니다.
- 청소년기: 물건을 잃어버린 경우 본인 용돈으로 부담하도록 하고 바로 사주지 않도록 합니다. 저가나 할인 상품 등의 물건을 무조건 사지 않도록 주의시킵니다. 고가의 물건을 사려고 하면 왜 갖고 싶은지 생각하게 하고 시간을 두고 돈을 모아야 한다는 것을 알려줍니다.

💬 지출내역 메모 습관 만들기

지출내역 옆에 소비, 낭비, 가치로 구분하여 적는 습관을 가르쳐 줍니다. 돈을 쓰고 이 돈이 나에게 어떤 의미였는지 생각해 볼 수 있게 합니다.
예) 팬시점에서 캐릭터 인형 구입 시

- 굳이 사지 않아도 되는 물건이었다면: 낭비
- 친한 친구에게 생일 선물을 했다면: 관계를 위한 가치 소비
- 꼭 사고 싶었던 물건이라면: 필요 소비

④
돈 경험 습관

작은 돈을 경험하게 하라

   온 가족이 함께 마트를 방문했습니다. 아이는 장난감 코너에서 장난감 하나를 가리키며 사달라고 합니다. 부모는 아이가 원하는 것을 카트에 담고 계산대로 갑니다. 아이는 신이 나서 부모의 목을 끌어안고 사랑한다고 행복하다고 말합니다. 아이가 행복하다고 하니 부모도 행복합니다.
   동화 속 이야기의 결말처럼 해피엔딩 스토리 같지만 현실은 그렇지 않습니다. 아이는 커갈수록 원하는 물건이 많아지고 새로운 것이 나올 때마다 그리고 갖고 싶은 것이 나올 때마다 부모에게 사달라고 하거나 또 미리 준비해 놓기를 기다립니다. 아이가 원하는 것을 채워주는 것이 사랑일까요? 그 순간은 행복하다고 말할 수 있지만 그리 오래가지는 못합니다. 만약 아이의 요구를 더이상 들어주지 못하게 된다면 아이는 부모를 경제적으로 무능하다고 생각합니다.

또 다른 가족이 있습니다. 아이는 장난감 코너에서 원하는 물건을 가리키며 사달라고 합니다. 부모는 아이에게 집에 비슷한 물건이 있지 않냐고 물어봅니다. 그래도 아이는 사달라고 막무가내로 투정을 벌입니다. 부모는 아이가 원하는 물건의 가격표를 유심히 봅니다. 그리고 고민을 하며 너무 비싸다고 말합니다. 아이는 떼를 쓰기 시작합니다. 아이의 요구에 선뜻 사주고 싶지만 원한다고 매번 사줄 수는 없다고 말합니다. 아이는 시무룩하고 울상을 짓습니다. 실망하는 아이의 모습에 부모의 마음도 좋지 않습니다.

새드 스토리 같습니다. 아이는 속상하고 원하는 물건을 한번에 기분 좋게 사주지 않는 부모가 원망스럽습니다. 부모도 마음이 아프고 찜찜합니다. 하지만 아이는 매번 바로 사주지 않는 부모의 반응을 잘 알기에 이제는 어떻게 하면 원하는 물건을 얻을 수 있을지 생각합니다. 때로는 부모를 협상 테이블에 앉히기도 하고 자신의 용돈이 얼마 있는데 좀 보태 달라고 하거나 용돈 벌 기회를 달라고 집안일을 돕기도 합니다 그러다음 원하는 물건을 얻습니다.

삶이 계속 이어지듯 소비 생활도 계속 이어집니다. 한번 사고 끝나는 것이 아닙니다. 부모는 아이들이 원하면 척척 사주는 존재가 아니라는 것을 알려주어야 합니다. 어떻게 하면 원하는 물건을 얻을 수 있는지 스스로 고민하게끔 해야 합니다. 아이들이 용돈을 처음 받고, 용돈 기입장을 쓸 때 들어온 돈 나간 돈을 잘못 계산하기도 하고 시행착오를 하기도 합니다. 돈을 쓰는 것도 마찬가지입니다. 돈을 사용하면서 후회도 하고 만족도 하고 그러면서 돈의 경험을 쌓습니다. 이 과정이 무척 중요합니다. 어려서부터 스스로 생각하고 돈을 써본 경험은 어른이 되어서도 일종의 경험 자산이 되어 합리적인 소비 생활의 기초 역할을 합니다.

아이들은 자신만을 위해 현재를 소비합니다. 이때 자신만을 위해 그리고 현재만을 위해 돈을 쓰는 것이 아니라 다른 사람 또는 가족을 위해서도 쓸 수 있어야 한다는 사실을 알려주어야 합니다. 몇 년 전, 우리 집 작은 아이에게 자신과 가족을 위해 돈 써볼 기회가 생긴 적이 있습니다. 6학년 겨울 방학, 자치구에서 실시하는 해외 홈스테이 프로그램이 있어 딸 아이에게 권해서 신청하도록 했습니다. 미국의 또래 아이 가정에서 2주 동안 머물고 미국 학교에서도 생활해보는 프로그램이었습니다. 말도 잘 통하지 않는 바다 건너 이국땅에 아이를 보낸다는 것이 한편으로 걱정이 되기도 했지만 좋은 경험이 되길 바라며 신청했습니다. 아이도 부모인 저도 떠날 날짜가 다가올수록 떨리고 불안한 마음이 컸지만 필요한 물품을 하나씩 챙기며 떠날 준비를 해갔습니다. 그 중 환전 문제가 가장 큰 고민이었습니다.

　함께 신청한 다른 아이의 부모님들과 연락이 오가는 중에 아이에게 얼마의 여비를 주어야 할지에 대한 이야기가 나왔습니다. 거의 대부분 부모들은 필요할 때 사용하라고 신용카드를 아이에게 주기로 했다고 말했습니다. 저는 신용카드보다 다른 나라의 돈을 직접 경험해 보는 게 좋겠다 생각하고 아이와 환율을 보며 언제 환전을 할까, 얼마의 돈이 필요할지 예상해보는 시간을 가졌습니다. 식사는 홈스테이 가정에서 제공하니 크게 쓸 일은 없을 것 같았지만, 홈스테이 가정에서 외식을 하거나 외부로 놀러 갈 때 본인의 식사 비용은 본인이 낼 수 있도록 하는 것이 좋겠다는 생각을 했습니다. 그리고 기념품도 사고 싶고 약간의 비상금도 필요할 테니, 이 모든 것을 고려해 20만 원을 환전해 가기로 했습니다. 아이는 자신을 위한 선물로 평소 너무 갖고 싶었던 해리포터 지팡이와 트레이닝복을 꼭 사고, 가족을 위한 선물과 기념품도 사겠다고 했습니다.

　아이는 어려서부터 용돈 관리를 스스로 해왔기에 본인 나름대로 돈 쓰는 법을 잘 알고 있습니다. 선물이나 기념품을 살 때 본인 것만 사 오면 안 된다는 것도 알고 있습니다. 그래서 아이는 어떤 선물이 필요한지 떠나기전 식구들에게 물어보기도 했습니다. 저는 딸아이에게 현금(달러)을 잃어버리지 않도록 잘 관리하고 꼭 써야 할 때만 쓰라고 신신당부를 했습니다.

드디어 출국 날, 아이는 비행기를 타고 처음으로 부모와 떨어져 낯선 나라 미국으로 갔습니다. 미국에 도착한 첫날, 집에 가고 싶다며 울면서 전화가 왔습니다. 새로운 환경에 혼자 덩그러니 있다고 생각하니 두려운 마음에 전화한 거였습니다. 하지만 하루 이틀이 지나고 삼 일이 지나니 아이는 어느덧 미국 생활에 적응하고 있었습니다. 길고도 짧은 2주가 지나갔습니다. 집을 떠날 때와 달리 미국에 더 있고 싶다고 아쉬워하며 아이는 집으로 돌아왔습니다. 캐리어만 끌고 갈 때와 달리 개선장군처럼 입국장으로 들어오는 아이의 양손엔 커다란 곰돌이 푸 인형이 들려 있었습니다.

'세상에! 저렇게 부피가 큰 것을 사 가지고 오다니…' 아이는 짐을 풀고 선물 보따리도 풀었습니다. 아이가 그토록 갖고 싶어 하던 해리포터 지팡이, 아빠를 위한 선물인 육포를 내놓았습니다. 감사하게도 홈스테이를 하던 가정에서 선물로 사 주었다고 합니다. 그렇다면 남은 돈이 좀 있을 것 같아 얼마를 쓰고 얼마가 남았는지 물어봤습니다. 그랬더니 1달러도 남김없이 다 썼다고 합니다. 홈스테이 가정에서 외식할 때 식사비도 내주고 선물까지도 사주었다는데, 도대체 20만 원을 어디다 몽땅 쓰고 왔을까요? 처음에는 좀 어이가 없었습니다. 다른 집 아이들은 신용카드 쓰기도 무섭고 혼자 돈 써본 경험도 없어서 제대로 돈을 쓰지도 못했다고 하는데 우리 집 아이는 달랐습니다. '때는 이때다'라고 생각했는지 아니면 정말 알차게 돈을 쓴 건지 궁금했습니다. 아이가 말한 20만 원(약 200달러) 사용 내역은 이러했습니다.

- 곰돌이 푸 인형 베개: 약 80,000원(40,000원×2개)(본인 것, 언니 것)
- 엄마 귀걸이: 약 18,000원
- 본인 트레이닝복: 약 60,000원
- 기념품 외: 약 42,000원

어떻게 돈을 몽땅 쓰고 올 수 있냐고 물어보았더니 본인이 입고 싶었던 트레이닝복이 세일을 해서 안 살 수 없었다고 합니다. 기념품도 사고 음료수도 사 먹고 남은 몇 센트의 동전까지 다 썼고 돈이 더 있었다면 이것저것 더 살 수도 있었다고 했습니다. 아이 말을 듣는 순간 여러 가지 생각이 스쳐갔습니다. '그동안 너무 용돈이 고팠나? 이렇게나 욕구가 많은 아이였나?' 그런데 지금도 그때 사온 기념품을 보면 물건

보는 눈도 있구나 싶을 정도로 잘 샀다는 생각이 들기도 합니다. 캐릭터 인형 베개는 두 아이 모두 지금까지 잘 쓰고 있고, 아이가 사준 귀걸이 역시 제가 잘 사용하고 있습니다. 본인을 위해 산 트레이닝복은 시간이 꽤 지나 작아졌음에도 가장 애장하는 옷이 되었습니다. 그리고 그때의 기념품을 보며 그땐 왜 그리 두렵고 무서웠는지 지금 다시 가면 정말 재미있게 잘 지내고 올 수 있을 텐데 하면서 그때를 추억합니다.

저는 그때 아이를 나무라지 않았습니다. 돈을 쓰고 후회할 수도 있고, 실수도 하고 낭비도 하면서 조금씩 돈에 대한 경험을 쌓고 있는 거라 생각했습니다. 돈을 쓰고 후회하지 않고 돈을 쓰고 낭비하지 않는 것도 중요하지만 그렇지 않은 경우에도 얻는 교훈이 있습니다. 대신 반복해서 실수하지 않도록 하는 게 중요합니다. 같은 실수를 반복한다면 부모로서 조언을 해주어야 합니다. 그러나 그게 아니라 부모가 알아서 사주고 알아서 챙겨주면 아이는 스스로 경험 자본을 만들 기회를 잃어버리게 됩니다. 성인이 되어서도 스스로 판단하여 결정하지 못하고 부모에게 하나부터 열까지 물어보게 될 게 뻔합니다. 이렇게 되면 아이는 무늬만 성인인 어른이 됩니다.

돈의 경험은 아주 작은 것에서부터 시작하면 됩니다. 돈에 대해 아는 것과 함께 어떻게 돈을 사용하고 경험하느냐도 병행되어야 합니다. 돈을 아는 것 즉, 경제 공부를 하는 것은 결국 올바른 경제생활을 위한 것입니다. 올바른 경제생활이 바탕이 되어야 아이는 부자가 됩니다. "우리 아이는 돈에 대한 개념이 없어요"라고 말하지 말고 지금부터라도 돈에 대해 배울 기회를 주면 됩니다. 돈에 대해 배울 기회와 경험은 현금으로 하는 것이 좋습니다. 점점 현금 없는 사회로 가고 있지만 돈의 크기를 알 수 없는 카드보다는 돈의 크기를 알 수 있는 현금이 좋습니다.

💬 돈을 경험하는 방법(예)

- **유아기**: 1천 원으로 살 수 있는 물건은 무엇이 있는지, 5천 원으로 살 수 있는 물건은 무엇이 있는지 아이와 함께 살펴본다. 그리고 가까운 마트에서 현금으로 물건을 사고 영수증을 받아오도록 한다. 거스름돈은 제대로 가져왔는지 물건의 가격은 영수증에 제대로 찍혀 있는지 확인하게 한다. 기부 단체에 한 달 한 번 기부를 하거나 또래 아이와 결연하여 돈을 가치 있게 사용 할 기회를 준다.
- **아동기**: 아이들은 본인의 생일 선물은 중요하게 생각하고 기대하고 기다린다. 반면 가족의 생일은 생일카드 한 장으로 해결하거나 지나쳐버리기도 한다. 그렇지 않도록 자신의 용돈으로 가족 생일도 챙길 수 있도록 가르친다. 생일 선물로 어떤 것을 준비하면 좋을지 아이 용돈 수준에 맞게 알려주는 것도 좋은 방법이다.
- **청소년**: 이 시기는 저축과는 멀어지고 사고 싶은 것들이 줄줄이 알사탕처럼 생기는 때다. 쉽게 사고 쉽게 버리고 쉽게 잊어버리는 시기이므로 소비의 기본적 룰을 만들 수 있도록 해야 한다. 쇼핑의 간격과 주기를

정하는 것이 중요하다. 그리고 물건을 잃어버리거나 망가뜨렸을 때는 어떻게 할 것인지도 미리 정한다.

⑤ 사회 경험 습관

알바는 필수다

"실내화 빨기 500원, 아빠 구두닦기 1천 원, 분리수거 1천 원." 아이들이 초등학교 때 하던 '홈알바'입니다. 홈알바는 모든 집안일에 금액을 정하는 것이 아니라 몇 가지에만 용돈 벌 기회를 주는 것입니다. 용돈은 넉넉하게 주기보다는 빠듯하게 주는 게 좋다고 했습니다. 대신 부족한 용돈은 집안일을 통해 아이가 벌 수 있도록 해줍니다.

홈알바는 초등 저학년 아이들에게는 꿀 알바입니다. 우리 집도 그랬습니다. 아이의 실내화를 매주 빨아주지 않아도 아이 스스로 척척 빨고 더럽지도 않은 신발장의 구두를 꺼내서

닦았습니다. 분리수거하는 날은 동네 어른들에게 분리수거 잘한다고 기특하다며 칭찬도 받았습니다. 꿩 먹고 알 먹는 일석이조의 즐거움입니다. 그런데 학년이 올라갈수록 홈알바를 더이상 하지 않으려고 했습니다. 5백 원, 1천 원이 우습게 느껴지는 나이가 되어 버린 거죠. 친인척들이 주는 큰돈을 받을 때면 홈알바비는 더더욱 작게 느껴집니다. 그렇게 고학년이 되어가면서 홈알바는 더욱 뜸해졌습니다. 6학년쯤 되면 실내화를 빨지 않고 더러운 채 그냥 신고 다닙니다. 왜 실내화를 빨지 않는지 물으면 플라스틱 실내화라 더러워진 부분은 지우개로 지워도 된다고 합니다. 이제는 아빠 구두 닦기나 분리수거도 귀찮아합니다. 이쯤 되면 방법을 바꾸어야 합니다.

홈알바에서 '홈자원봉사'로 체제를 바꿉니다. 이제 컸으니 용돈을 벌기 위해 집안일을 하는 것이 아니라고 알려줍니다. 집안일은 누구 한 사람이 다 하는 것도 아니고 함께 분담해서 하는 일이라는 것, 허드렛일 같고 귀찮은 일 같지만 하지 않으면 안 되는 기본적인 일이고, 서로 도와가면서 해야 하는 것임을 알려줍니다. 그리고 필요할 때마다 기꺼이 해야 하는 일임을 강조합니다. 그래서 자연스럽게 홈알바에서 홈자원봉사로 넘어가도록 합니다.

하지만 아이들은 공부하기 바쁘고, 학원가기 바쁘다는 이유로 이리저리 핑계 대기에 바쁜 시기가 옵니다. 그러면서 집안일은 마지못해하는 일로 전락합니다. 신발을 빨아주지 않으면 그냥 더러운 채로 신고 다니고, 좋아하는 요리를 해먹고는 설거지는 하지 않은 채 제 방으로 쏙 들어가 버립니다. 그러다 친구들이 놀러 오면 신나게 놀다가 다같이 우르르 나가기도 합니다. 이뿐만이 아닙니다. 분리수거도 제대로 하지 않습니다. 요즘처럼 배달 음식을 많이 시켜 먹을 때는 각종 일회용 그릇들이 산더미처럼 쌓이는 데 제대로 분리해서 내놓지도 않습니다. 물을 마시거나 음료를 마실 때마다 다른 컵을 꺼내서 사용하고는 간단한 설거지도 해놓지 않습니다. 아이들은 집안일을 돕기는커녕 집안일을 오히려 더 만들어 놓고 모든 뒷감당을 엄마가 하게 합니다. 엄마는 혼자 뒷정리를 하다가 감정이 폭발합니다.

각자의 생활이 바빠 가족의 의미는 점점 퇴색되어 가고, 다 함께 모이는 시간도 갖기 쉽지 않습니다. 그리고 자꾸 잔소리만 늘어갑니다. 그러다 어지럽히는 사람 따로 있고 치우는 사람이 따로 있냐며 한바탕 언성이 높아지기도 합니다. 하지만 이 과정이 싫다고 모든 집안일을 부모가 떠안으면 안 됩니다. 작은 규칙들이 필요합니다. 신발은 각자 빨기, 자신이 좋아하는 요리를 해먹은 다음에는 설거지까지 해놓기, 친구들이 집에 놀러 왔다가 돌아가면 뒷정리하기, 분리수거할 때는 두 번 손이 가지 않도록 제대로 분리해 내놓기, 사용한 컵은 바로 닦아 놓기 등등. 집에서 누리는 것들을 당연하게 생각하지 말고 본인이 한 것들에 대한 기본적인 책임을 가질 수 있도록 작은 규칙들을 정하는 것은 매우 중요합니다.

이렇게 홈알바에서 홈자원봉사로 체계로 바꾸면서 아이에게 돈 벌 기회 '단기 알바' '알바 급구'를 제안합니다. 아이가 잘하는 일로 돈 벌 수 있는 기회를 제공합니다. 저는 정리정돈을 잘하는 작은 아이에게 우리 집 냉장고 청소를 한 번 시켜본적 있습니다. 최저임금(2021년 8,720원)보다 엄마가 인심 후하게 써서 시간당 만 원으로 해줄 테니 알바 한 번 해보는 건 어떤지 제안을 해보았습니다. 아이는 잠시 생각하더니 냉장고 청소에 시간이 얼마나 걸리느냐고 되물었습니다. "1시간 30분에서 2시간 정도?" 그럼 3만 원을 달라고 했습니다. 아니 2만 원도 아니고 3만 원? 너무 비싸다고 하니 냉장고 청소하는 업체는 얼마 주는지 알아보라고 합니다. 검색해보니 비용이 상당했습니다. 결국 3만 원에 합의하고, 아이는 곧바로 냉장고 청소를 시작했습니다. 한 시간 반 정도가 지나니 다 했다고 확인해보라고 했습니다. 그런데 생각만큼 깔끔하게 정리가 되지 않았습니다. 냉장고 청소를 의뢰한 고객(엄마)으로서 컴플레인을 제기했고, 마음에 들지 않으니 할인을 해달라고 요구했습니다. 아이는 고객(엄마)의 요구에 황당해했고, 저는 엄마니까 후하게 비용을 지불하는 거라고 각자 입장을 내세우며 옥신각신 싸우다가 간신히 2천 원을 깎았습니다. 이 일을 그날 저녁 큰딸에게 이야기했더니 자기한테 시켰으면 더 저렴하게 해줄 수 있었을 텐데 왜 동생에게 시켰느냐며 자신(대학생)이 밖에서 하는 알바는 최저임금이며 이 정도는 꿀 알바라고 했습니다.

큰딸은 대학 생활을 하면서 알바를 시작했습니다. 성인이 되면 부모에게서 독립하여 생활하고, 자신의 용돈은 자신이 벌어서 생활하는 것이 우리 집 규칙이라고 늘 이야기해왔습니다. 그런데 독립은커녕 알바 구하기도 쉽지 않습니다. 그리고 딸은 뜻밖의 요구를 했습니다. 주변 친구들 이야기를 하며 부모님 신용카드를 가지고서 용돈 쓰는 친구들도 있는데 자신은 평일에 학교 다니고 주말에 알바까지 하려고 하니 용돈이 부족하다며 '기본 용돈'을 달라는 것이었습니다. 기본 소득은 알아도 기본 용돈은 처음 들어본 말이었습니다.

소득의 종류에는 근로 소득, 사업 소득, 재산 소득, 이전 소득이 있습니다. 이중 이전 소득은 대가 없이 받는 소득으로 국가가 국민에게 무상으로 지급하는 것을 말합니다. 아동 수당, 보조금 등이 여기에 해당합니다. 그리고 기본 소득이라는 것도 있습니다. 재산이 많고 적음에 상관없이 일을 하든 하지 않든 아무 조건 없이 국가가 국민에게 지급하는 소득을 말합니다. 말 그대로 기본 생활을 보장하는 수준으로 지급하는 것을 말합니다. 최근 들어 기본 소득이 이슈가 되고 있습니다. 청년들의 삶의 질을 올리는 방법으로 기본 소득이 논의되는가 하면, 코로나 펜데믹 상황에서 돈이 시장에 돌도록 하기 위해 국가가 혹은 지자체가 지급하기도 했습니다.

기본 소득을 논하는 사회 흐름에 따라 큰 아이도 기본 용돈을 요구한 것입니다. 알바를 구하겠지만, 학기마다 수업 시간이 바뀌는 등의 이유로 알바 구하기가 쉽지 않은 만큼 기본 용돈이 있어야 한다는 주장이었습니다. 결국 합의를 통해 기본 용돈을 지급하기로 하고 아이는 알바를 구하기 위해 여기 저기 이력서를 넣었습니다. 편의점, 식당, 카페 등 알바 구하기는 생각보다 쉽지 않았습니다. 더군다나 학교 다니면서 수업이 없는 시간에 맞춰 알바를 구하는 것은 더더욱 어려운 일이었습니다. 큰 아이는 몇 번의 도전 끝에 최저 시급의 알바를 구했습니다.

알바를 시작하면 근로계약서를 쓰고, 그러면서 1주일이 15시간 이상 근무를 하면 주휴 수당을 지급한다는 것도 알게 됩니다. 근로계약서에는 알바 시간, 시급, 주휴 수당 등 알바를 하면서 정해야 하는 기본적인 것들이 적혀 있습니다. 알바를 구할 때 짧은 시간 여러 번 하는 것보다 한 번에 긴 시간을 하는 게 시간도 벌고, 교통비도 벌고, 주휴 수당도 받을 수 있습니다. 하지만 주말만 하는 알바여서 15시간 이상 일하지도 못하니 주휴 수당을 받지는 못했습니다. 이렇게 하나둘 배워 가는 것이 결국 경험 자본이 됩니다.

알바를 하다 보면 진상 고객, 꼴불견 손님을 만나기도 합니다. 그러면서 '나도 나중에 꼭 저렇게 할 거야'보다는 '내가 손님으로 가면 좋은 고객이 되어야지' 생각을 하게 됩니다. 고객이나 손님 입장도 되어 보고 종업원 입장도 되어 볼 수 있는 것 역시 꼭 필요한 경험 자본입니다. 최저 시급보다 더 좋은 시급과 더 좋은 근무 조건을 원한다면 전문적인 실력이 필요하다는 것도 알게 되고 그러면서 자기 계발에도 눈을 뜨게 됩니다. 그리고 일하기 싫은 날도 시간이 되면 무조건 일하러 가야 하는 의무감과 책임감을 배우게 됩니다. 이것 역시도 중요한 경험 자본이 됩니다.

한 번은 이런 일이 있었습니다. 비 오는 토요일, 딸아이는 주말 아침 안 떠지는 눈을 비비고 일어나 알바 시간에 늦지 않도록 서둘러 집을 나섰습니다. 그런데 잠시 후 딸아이로부터 사진 한 장이 날라왔습니다. 팔꿈치에서 피가 나는 딸아이의 사진이었습니다. 전철을 타러 가다가 미끄러져 넘어졌다고 했습니다. 알바를 마치고 돌아온 딸아이는 팔꿈치의 상처를 보여주며 푸념을 늘어놓았습니다. 주말 아침, 그것도 비가 오는 날, 알바 하러 가는 길에 미끄러져 옷 버리고 팔꿈치 까지고 온몸이 쑤셔서 아픈데, 더 화가 나는 것은 최저 시급 벌겠다고 이러고 있는 자신이 더 짜증 났다는 것입니다.

주말에 푹 쉬고 싶을 텐데, 알바 한다고 아침 일찍 일어나서 준비하고 나가는 모습이 안쓰럽습니다. 거기에 다치기까지 했으니 부모 맘도 썩 좋지는 못합니다. 그래도 부모 입장에서는 돈 버는 게 힘들다는 것을 알고 또 돈을 함부로 쓰지 않게 하려고, 그렇게 조금씩 사회에 발을 디디며 세상을 알아가길 바라는 마음으로 알바를 계속 권유합니다. 그런데 요즘 아이들은 부모 마음과는 많이 다릅니다. 아래는 아이들이 공감하는 SNS 글입니다.

"젊어서 고생은 사서도 한다고? 왜 사서 고생해? 알바를 해봐야 돈 버는 것 어려운 줄도 알고, 그렇게 힘들게 번 돈을 아껴 쓴다고 하는데. 난, 절대 아니야. 힘들게 번 만큼 나를 위해 쓸 거야, 왜 아껴? 힘들게 번만큼 하고 싶은 거, 사고 싶은 거 사면서 살아야지."

자녀에게 노동과 돈의 가치를 알려주고 작은 사회를 경험하게끔 하다 보면 가끔 시행착오가 생길 수 있습니다. 같은 일을 경험해도 사람마다 느끼는 것이 다른 것처럼 돈을 버는 경험을 통해서도 느끼는 것이 다릅니다. 하지만 본인도 모르게 만들어지고 쌓여가는 것이 바로 '경험 자본'입니다. 알바를 하면서 실수를 하고, 좌절하기도 하고, 스스로에게 실망도 하고, 원치 않는 사회적 관계로 상처를 받기도 합니다. '얼마

벌겠다고 이 고생이야'라고 생각하는 동안에도 아이가 쌓아야 할 사회 경험 자본은 차곡차곡 적립되고 있습니다.

아직 세상을 모르는 아이에게 일찍부터 험한 일, 고단한 일을 경험하게 하고 싶지 않아서 알바를 반대하는 부모님도 있습니다. 굳이 젊어서 고생할 필요가 뭐가 있나, 좋은 거 보고 좋은 거 먹고 편하게 지낼 수 있으면 그렇게 하는 거지, 라고 말하는 부모도 있습니다. 부모인 내가 다 해줄 수 있는데 뭐하러 일찍부터 나가서 고생하느냐, 말하는 부모도 있습니다. 그런데 이런 부모 밑에서 자란 아이들은 집안에서 따스한 햇살과 적절한 수분으로 곱게 자란 화초와 같습니다. 아이들은 집안의 화초처럼 영원히 살 수 없습니다. 결국 세상 밖으로 나가야 하는데 적응에는 시간이 필요합니다. 그 시간이 바로 알바의 시간입니다. 부모로부터의 독립 나아가 경제적 독립의 시작이 바로 '알바'입니다. 그러니 아이의 경제적 독립을 원한다면 알바는 필수입니다. '이불 밖은 위험해'가 아니라 '이불 한 번 걷어 볼까?'하며 부모님이 이불을 걷어주는 것이 바로 홈알바고, 성인이 되어서 본격적으로 해보게 되는 것이 정식 알바입니다. 알바는 돈을 벌고, 모으고, 쓰고, 불리는 일련의 과정을 경험해보는 첫 단추입니다.

어릴 때는 저축과 소비에 중점을 두는 경제 교육이었다면 아이가 성장하면서는 저축과 소비의 바탕이 되는 소득을 경험해보는 것이 중요합니다. 홈알바를 통해 번 돈을 어디에 사용할지 생각해보고 소비뿐만 아니라 저축과 기부, 투자도 할 수 있음을 알려줍니다.

많은 청소년들이 돈 쓸 일이 많다 보니 부모 용돈을 벗어나 돈 벌 수 있는 방법을 스스로 찾기도 하는데, 그 중 하나가 바로 중고 거래입니다. 자신의 안 쓰는 물건을 팔아 용돈을 마련하는 방법입니다. 중고 거래는 일하지 않아도 쉽게 돈을 벌 수 있는 방법이고 안 쓰는 물건을 파는 것인 만큼 알뜰하고 합리적인 소비의 하나라고 생각합니다. 그러나 범죄나 사기로 이용되기도 하고 어떤 경우 멀쩡하게 쓰는 물건을 파는 일도 있습니다. 그래서 아이가 부모 모르게 중고 거래를 하는지 물어보고 거래 시에는 직거래를 하도록 하며 계좌 번호 등을 쉽게 알려주지 않도록 주의를 시킵니다.

아이 연령대에 맞게 그리고 가정 환경에 맞게 홈알바를 아이들에게 제시해보세요. 일단은 가정 안에서 작은 사회를 경험해보는 것입니다. 하지만 너무 과하거나 지나치게 적은 금액이 아닌 적정선의 알바비를 정하는 것이 중요합니다. 홈알바에 들어가는 수고비도 스스로 조사 해보도록도 하고, 제대로 안 한다면 컴플레인을 하기도 하면서 다양한 상황을 경험해보도록 하는 게 중요합니다.

홈알바 시키기

- 유아기, 저학년: 아이와 상의하여 홈알바 항목 2~3개 정하고 금액을 정한다. (주의: 모든 집안일에 홈알바를 시켜서는 안 됨)
- 고학년: 집안일을 가족 구성원 모두가 함께하는 것임을 알려준다. 나중에 홈알바에서 홈자원봉사로 전환한다.
- 청소년기: 그때그때 상황에 맞는 집안일을 돕게 하고 용돈을 마련할 기회를 준다. (냉장고 청소, 옷장 정리, 선풍기 청소, 화장실 청소, 부모님 하시는 일 돕기 등)

⑥ 카드 사용 습관

신용카드 이것이 문제로다

초등 저학년 경제 수업 시간에 신용카드를 사용해본 적 있는지 물어보면 많은 아이들이 손을 번쩍 들고 자신의 경험담을 신나게 이야기합니다. 외식 후 부모님이 카드 계산을 하려고 할 때 자신이 사인한 적이 있다며 다양한 이야기를 합니다. 어떻게 사인하냐고 물어보면 어떤 아이는 '나비'를 그린다고 하고 어떤 아이는 '메롱'을 쓴다고 합니다. 또 어떤 아이는 낙서하듯 사인을 한다고 합니다. 그런데 카드를 사용하고 난 후 왜 사인을 하는지 아느냐고 물어보면 모두가 고개를 갸우뚱합니다. 그리고 사인을 할 때 기분이 어떤지 물어보면 어른이 된 것 같아 좋았다고 합니다. 아이들은 신용카드를 사용하고 사인하는 것을 재미있는 놀이로 여깁니다.

유아기나 초등 저학년 아이들은 부모님이 사용하는 신용카드가 요술 방망이라고 생각하기도 합니다. 카드로 쓱 긁고 사인을 하면 돈을 내지 않아도 원하는 물건을 얻을 수 있기 때문입니다. 요즘은 스마트폰에 카드 기능을 넣어 스마트폰 하나로도 결제가 가능하기도 합니다. 아이들은 스마트폰을 쓱 대기만 했는데 원하는 물건을 얻을 수 있다고 생각할 것입니다.

이렇게 자란 아이들이 초등학교, 중학교, 고등학교를 거치면서 부모님의 신용카드를 본격적으로 사용합니다. 학교나 학원을 갈 때나 분식점을 이용하거나 병원을 갈 때도 가까운 편의점에서도 언제나 부모님 카드를 사용합니다. 부모님 입장에서 현금보다 편리하고 무엇보다 아이들의 동선을 파악할 수 있어 신용카드를 선뜻 아이들 손에 쥐여 줍니다. 그런데 아차! 하는 순간 아이에게서 다시는 신용카드를 돌려받지 못하고, 아이가 사용한 카드 대금을 대신 갚아주는 현금자동인출기로 전락할지도 모릅니다.

한번은 차를 타고 이동하는 데 뒷자리에 앉은 중학생 딸아이가 "엄마! 나두 엄카(엄마카드)쓰고 싶은데…"하는 것이었습니다. 아이의 뜬금없는 소리에 갑자기 웬 '엄카'냐고 물어보았습니다. 친구들은 엄마 카드, 아빠 카드를 가지고 다니는데 부모님 카드를 쓰는 아이들을 보면 부럽고 어른이 된 것 같은 기분이 든다고 했습니다.

고등학생 자녀를 둔 어느 부모님은 아이에게 학교와 학원을 다니면서 사용하라고 신용카드를 쥐여 주었다고 합니다. 그런데 갈수록 사용하는 금액이 커지더니, 하루는 비싼 음식점에서 결제 알람이 오는 걸 보고서 오늘은 아이에게 카드 사용에 대한 주의를 줘야겠다고 마음먹었다고 합니다. 그런데 집에 온 아이는 음식을 포장한 봉투를 꺼내놓으면서 엄마에게 이렇게 말했다고 합니다. "엄마! 맛있는 음식을 먹다가 엄마 생각이 나서 하나 더 주문해서 포장해 왔어." 그 순간 카드 사용에 대한 경고는 잊어버리고 아이가 맛있는 것을 먹으면서 자신을 생각했다는 것이 너무 기특했다고 합니다. 그런데 실제로 아이는 누구 카드로 생색을 내고 있는 걸까요? 결국 그 돈은 누가 지불하는 걸까요? 그런데도 부모님은 그런 생각보다 자신을 생각해준 아이를 더 기특하게 생각합니다.

아이들이 삼삼오오 편의점에서 이것저것 물건을 고릅니다. 재미와 놀이를 좋아하는 아이들은 계산대 앞에서 각자의 신용카드나 체크카드를 쭉 늘어놓고 점원에게 하나를 고르라고 합니다. 점원이 여러 카드 중 하나를 고릅니다. 걸리지 않은 아이들은 신이 나서 소리를 지릅니다. 점원이 고른 카드로 물건값을 모두 내기로 한 것입니다. 한 젊은이가 대기업에 입사했습니다. 입사를 축하하는 자리에서 선임이 신입 사원에게 우리 회사에 들어와서 해보고 싶은 것이 무엇인지 이야기해보라고 했습니다. 이 젊은이는 대뜸 이렇게 말했습니다. "법카를 써보고 싶습니다." 법카는 법인 카드의 줄인 말입니다. 회사가 만든 카드이니 사용 대금은 개인이 내는 것이 아니라 회사가 지불합니다. 내 돈이 나가는 게 아니니 엄카나 법카를 사용할 때는 기분이 좋습니다. 하루는 아이에게 신용카드를 주면서 심부름을 시켜봤습니다. "우유랑 케첩 좀 사 올래?" 심부름을 다녀온 아이의 손에는 우유와 케첩 말고도 자신이 좋아하는 과자와 아이스크림이 들려 있었습니다. "다음에 또 이러면 용돈에서 제한다"고 했더니 "에이, 뭘 이 정도를 가지고, 저도 엄카 한번 써봤어요"라고 말합니다. 이처럼 아이들은 부모님의 돈, 부모님의 카드는 써도 되는 것으로 생각합니다.

부모님은 카드의 편리함과 아이가 어디에서 무엇을 하는지 알 수 있다는 이유로 아이 손에 카드를 쥐여 주지만 여기저기 불만의 목소리가 없는 건 아닙니다. 씀씀이가 너무 커져서 문제이고 부모 돈을 우습게 아는 것도 그렇고 그리고 한번 쥐어 준 카드를 돌려받으려면 아이들의 거센 저항에 직면하게 됩니다. 그래서 아무렇지 않게 아이들 손에 신용카드(체크카드 포함)를 쥐어 주지 말고 카드에 대해 정확히 알려주고 카드 사용을 하도록 해야 합니다.

아시다시피 신용카드는 일종의 빚을 내서 쓰는 것입니다. 물론 빚이 다 나쁜 것은 아닙니다. 질병이나 사업상의 문제로 어쩔 수 없이 돈을 빌리는 경우도 있습니다. 때로는 감당할 수 있을 정도의 적당한 빚이 삶을 더 열심히 살게 하는 원동력이 되기도 합니다. 그러나 감당할 수 있는 수준이어야 합니다.

성인들에게 발급되는 신용카드는 청소년에게는 발급이 안 됩니다. 청소년들은 통장 잔고 내에서 쓸 수 있는 체크카드만 만들 수 있습니다. 만 12세 부터는 부모님과 함께 은행을 방문해야 하고 보호자 신분증, 가족관계증명서, 자녀의 기본 증명서 등 필요 서류를 챙겨가야 합니다. 그리고 이렇게 만든 카드는 하루에 3만 원, 한 달에 30만 원 이상 사용이 안 됩니다. 만 14세 이상은 보호자 없이도 청소년 혼자서 학생신분증, 주민등록증을 가지고 은행을 방문하면 만들 수 있습니다. 물론 체크카드와 연계할 은행 계좌가 있어야 하니 보통예금 통장도 있어야 합니다. 카카오뱅크 인터넷 은행에서 발급하는 청소년 전용 체크카드는 은행 방문 없이 비대면으로도 만들 수 있습니다. 요즘 청소년들은 카카오mini카드를 많이 사용합니다. 간단하게 휴대폰 본인 인증만으로 만들 수 있으며 카드 디자인 캐릭터를 자신이 선택할 수도 있습니다. 체크카드 사용까지는 아이에게 허락해주되 사용법과 카드 사용의 의미는 정확히 주지시키는 게 중요합니다.

현대 사회는 현금보다는 카드를 사용하도록 소비 환경이 조성되어 있습니다. 아이들에게 신용카드나 체크카드를 주기 전에 돈에 대한 감각과 돈의 크기를 알 수 있도록 현금 사용을 먼저 하게끔 하고 카드 사용은 최대한 늦추는 게 좋습니다. 신용카드를 쓰는 것이 지금 당장은 편하고 좋지만 쉽게 돈을 쓰는 버릇이 들면 지출 억제가 힘들어집니다. 가급적 돈 쓰는 일을 불편하게 만들어야 합니다. 도박장이나 카지노에서는 현금이 아닌 플라스틱 칩으로 게임을 합니다. 실제 돈의 크기를 느낄 수 없게 심리적으로 덜 불안하도록 만드는 방법입니다. 신용카드 역시 돈의 감각을 둔하게 합니다.

우리가 사는 세상은 신용 사회입니다. 카드를 쓰지 않고는 불편한 세상이 되었습니다. 카드를 쓰되 아이들은 최대한 늦게 사용하도록 하고, 혜택이나 할인을 따져 쓰기보다는 필요한 것에 신중하게 카드를 사용할 수 있게 해야 합니다. 카드사를 위한 신용카드가 아니라 나에게 도움이 되는 신용카드가 되도록 소득 범위 안에서 사용하는 것이 슬기로운 카드 사용 습관입니다.

카드 사용법 가르치기

- 유아기, 저학년: 신용카드는 요술방망이처럼 원하는 것은 무엇이든 살 수 있는 것이 아님을 알려준다. 신용카드는 카드 회사로부터 돈을 빌리는 것임을 알려준다.
- 고학년: 신용카드와 체크카드의 차이점을 알려준다.
- 청소년기: 아이 이름의 체크카드를 만들어 용돈 안에서 사용하는 소비 습관을 갖도록 한다.
- 대학생(사회초년생): 카드사의 할인, 포인트 등의 유혹에 넘어가지 않도록 모든 혜택 뒤에 숨어있는 조건들을 보도록 알려준다. 현금 서비스, 카드론은 사용하지 않도록 주의를 준다.

⑦ 저축하는 습관

나만의 지니를 만들어라

영화 '알라딘'에서 램프의 요정 지니가 알라딘에게 소원을 말하라고 하자, 공주를 만날 수 있는 왕자가 되게 해달라고 합니다. 이때 지니는 이렇게 말합니다. "소원을 구체적으로 말해."

만약 우리에게 램프의 요정 지니가 나타나 소원을 말하라고 한다면 많은 사람들은 '돈' '부자'를 말할 겁니다. 그런데 얼마의 돈이 있어야 하는지, 어떤 부자를 원하는지 구체적으로 생각해본 적 있나요? 막연하게 돈이 많았음 좋겠다, 부자가 되었음 좋겠다가 아니라 자신에게 구체적으로 묻고 또 물어본 적 있나요? 아마도 많은 분들이 '아니요'로 답할 것 같습니다.

『열두 살에 부자가 된 키라』라는 경제 동화책에는 말하는 개 '머니'가 나옵니다. 머니는 주인공 키라에게 열 가지 소원을 적어보라고 합니다. 그리고 그중에 세 개만 선택하라고 합니다. 경제 수업 시간에 학생들에게 열 가지 소원을 써보라고 하면 하나도 못 적는 학생들도 있고 하나, 둘 쓰다가 더 적을 것이 없다고 하는 학생들도 있습니다. 자신이 무엇을 원하는지 정확히 모르기 때문입니다. 이미 부모님이 다 알아서 해주니 욕구가 없는 것인지도 모릅니다. 아이들 스스로 자신이 무엇을 원하는지 정확하고 구체적으로 생각할 수 있어야 합니다. 그 내용을 손으로 적든, 그림으로 그리든 반드시 한 번씩 해보아야 하는 일입니다.

만약 아이가 소원을 적었다면(그것이 돈과 연관되어 있다면) 작은 빈 통 하나를 준비해서 소원을 적은 종이나 그림을 통 앞에다 붙여 놓습니다. 이 통은 이제 저금통 역할을 하게 됩니다. 아이들에게 저축은 이렇게 시작하는 것이라고 알려줍니다. 처음부터 욕심을 내서 큰 통으로 시작하기보다는 작은 통으로 시작해야 빨리 모을 수 있다는 것도 알려줍니다.

저금통에 돈이 모이면 아이 이름의 통장을 만들러 아이와 함께 은행에 갑니다. 초등 저학년 아이들에게는 자신의 이름이 적힌 통장 만들기는 신나고 즐거운 일입니다. 작은 딸아이와 초등학교 저학년 때 통장을 만들기 위해 함께 은행에 간 일이 있습니다. 통장 비밀번호를 정할 때 아이 스스로 정하도록 했습니다. "전화번호, 생년월일, 1004, 1234, 9999 등 쉬운 번호는 안돼. 다른 사람들이 쉽게 알아낼 수 있는 번호 말고 잘 생각해서 비밀번호를 만들어야 해." 아이는 아무리 생각해도 어떤 번호를 해야 할지 모르겠다며 한참을 고민하더니 뭔가 생각이 났는지 번호를 입력했습니다. 아이에게 비밀번호를 잊지 말고 잘 기억하라고 신신당부를 하며 누구에게도 알려주면 안 된다고 말해주었습니다. 그렇게 몇 년이 지난 후 아이는 자신의 통장에서 돈을 찾아야겠다고 했습니다. 통장을 들고 은행 ATM 앞으로 가서 비밀번호를 눌러야 하는데 아이가 멈칫하였습니다. "엄마! 내 통장 비밀번호가 뭐지? 생각이 안 나는데…." 아이는 아무리 생각해도 비밀번호가 기억나지 않는다고 했습니다. 그렇게 한참을 고민하더니 생각이 났다며 비밀번호를 눌렀습니다. 다행히도 비밀번호는 맞았습니다. 어떻게 정한 비밀번호인지 슬쩍 물어봤더니 자신이 좋아하는 아이돌 멤버 중 한 명의 생일이라고 했습니다. 해프닝이었지만 그 후로 아이는 통장 비밀번호를 절대 까먹지 않았습니다.

아이들은 자신 이름의 통장이지만 비밀번호를 잘 모릅니

다. 왜냐면 부모님이 알아서 만들었기 때문입니다. 자신의 통장에 애착을 가질 수 있도록 비밀번호부터 아이 스스로 정하도록 해줍니다. 그리고 단기 목표를 정하고 그에 맞춰 소원 통장을 만들도록 합니다. 이때 그 기간은 1년을 넘지 않도록 합니다. 기간이 너무 길면 지쳐서 중도에 포기할 수 있기 때문입니다. 그래서 6개월 또는 1년 정도로만 목표로 하고 소원 통장에 이름을 붙입니다.

소원을 정할 때도 팁이 있습니다. 우선 종이에 갖고 싶은 물건 세 가지를 적어보도록 합니다. 그런 다음 세 가지 중 하나는 탈락시킵니다. 그리고 남은 두 개 중 또 하나를 포기하도록 합니다. 마지막으로 남은 딱 한 가지, 정말 간절히 원하는 것 하나만 소원 통장의 이름으로 정합니다. 원하는 것, 갖고 싶은 것을 다 가질 수 없으며 그냥 얻어지는 것이 아니라 시간이 필요하고 돈을 모아야 하고 그동안은 참고 견뎌야 한다는 것을 몸소 체험하도록 하기 위함입니다.

아이들과 은행을 가기 가장 좋은 시기는 바로 초등학생 때입니다. 방학을 이용하여 아이와 손을 잡고 은행을 함께 가봅니다. 은행은 무엇을 하는 곳인지 통장을 어떻게 만드는지 직접 저축하는 과정에 참여해보도록 합니다. 세상에 단 하나뿐인 소원 통장을 개설할 때는 은행 직원에게 이름 옆에 소원 내용을 짧게 적어 달라고 합니다. "아무개 닌텐도 통장" 큰 아이의 첫 소원 통장 이름은 닌텐도 통장이었습니다. 이렇게 저축을 하여 원하는 물건을 얻게 되면 성취감은 물론이고 그 물건에 애착이 생깁니다. 간혹, 요즘 종이 통장이 무슨 소용이냐고 말씀하는 분도 있는데, 아이들에게만큼은 종이 통장을 만들도록 해 실체감을 주는 게 좋습니다. 점점 종이 통장이 사라지는 추세인 만큼 아이와 서둘러 만들어보면 좋겠습니다.

소원 통장은 소원이라는 막연한 것을 구체적으로 만드는 과정입니다. 그리고 소원을 이루는 실질적인 방법을 아이에게 가르쳐주는 과정입니다. 그리고 은행에 저축하게 되면 '이자'라는 걸 받는다고 알려주고 이자가 무엇인지 은행은 왜 이자를 우리에게 주는지도 설명해줍니다. 그리고 은행에 저축하러 가지만 어른이 되면 돈을 빌리러 갈 수도 있다는 것도 알려줍니다. 은행에서 신용카드도 만들 수 있고 내가 가진 돈을 다른 나라의 돈으로 바꿀 수 있다는 것도 알려줍니다. 그리고 은행이 회사라는 것도 알려줍니다. 회사는 돈을 벌기 위해 이익(이윤)을 내는 활동을 합니다. 은행도 마찬가지입니다. 그런데 은행을 나라에서 운영하는 공공 기관으로 알고 있는 아이들이 많습니다.

우리가 저축한 돈을 커다란 금고에만 보관하는 것이 아니라 돈이 필요한 사람에게는 빌려주기도 한다는 얘기를 하면 아이들은 깜짝 놀랍니다. 내 돈을 금고에 안전하게 보관하라고 저축한 건데 왜 내 허락도 없이 사람들에게 빌려주느냐고 합니다. 어른들은 당연히 아는 내용이지만 아이들은 따로 배우지 않는다면 이런 내용을 잘 모릅니다. 이처럼 은행이 하는 일(예금, 대출, 환전, 신용카드 발급, 공과금 수납 등)을 알려주고 여기에 이자의 개념도 알려주면 좋습니다.

초등학교 저학년 아이들에게는 돈이 생기면 무엇을 할 것이냐고 물어보면 돈 쓸 일이 없다고 말하고 돈이 생기면 저축을 하겠다고 합니다. 그러나 얼마 지나지 않아 돈 모으는 과정이 지루하고 재미없는 당장은 즐겁지도 않은 일이라는 것을 알게 되는 고학년이나 중학생이 되면 저축은 먼 이야기가 됩니다. 이때부터 아이들은 저축 대신 돈 쓰는 방법을 익힙니다. 주로 어디에 돈을 쓸까요? 친구들과 카페나 떡볶이집을 가고 영화를 보거나 피시방이나 코인 노래방에도 갑니다. 요즘은 네 컷 즉석 사진도 친구들과 찍습니다. 그리고 좋아하는 아이돌 굿즈를 사거나 콘서트에 가기도 합니다. 양말이나 머리핀 같은 액세서리를 산다거나 친구 생일 선물에 돈을 쓰기도 합니다. 이렇게 하다보면 돈 씀씀이가 점점 커지고 결국엔 저축을 못 하는 상황이 오기도 합니다. 이럴 때는 저축의 흥미를 끌어올리는 방법을 사용해보는 것이 좋습니다. 목표하는 금액을 저축하면 부모님이 추가로 이자를 주는 방법입니다.

그런데 이런 방법을 이용해도 저축에 관심을 갖지 않는다면 1+1 저축을 이용해보는 것도 좋습니다. 즉, 아이가 만 원 저축하면 부모님이 만 원을 추가로 저축해주는 방법입니다. 이러한 방법이 얼마 동안은 효과가 있지만 당장 돈을 쓰고 싶은데 은행에 저축하면 찾기도 불편하니 아이들은 눈으로 볼 수 있고 손으로 만질 수 있는 현금 보관을 더 좋아합니다. 그러나 이때부터 아이들은 저축과 점점 멀어지고 '소비요정'으로 등극한다는 사실을 기억해야 합니다.

요즘은 은행 지점들이 점점 사라지는 추세라 꼭 은행에 저축하는 게 정답은 아닙니다. 하지만 일정 금액을 스스로 모아보고 그러기 위해 노력을 해보는 일은 무척 중요합니다. 큰 아이가 중학교 2학년이던 어느 날, 아이돌 콘서트를 가겠다고 한 일이 있습니다. 아이돌 콘서트에 가는 비용은 어른들이 영화 10편 이상을 볼 수 있는 큰 비용이고, 돈이 있다고 하더라도 콘서트 티켓팅은 하늘의 별따기처럼 어렵습니다. 그렇게 비싼 티켓을 사 줄 수 없다고 했더니 아이의 대답이 더 놀라웠습니다. 티켓 비용은 이미 모아서 마련했고 티켓팅도 이미 해놨으니 엄마는 허락만 해주면 된다는 것이었습니다. 아이는 자신이 좋아하는 아이돌 콘서트를 보러 가기 위해 군것질을 줄이고 사고 싶은 것도 못 사면서 돈을 모았던 것입니다. 허락을 안 해줄 수 없는 상황을 만든 거죠. 결국 아이는 콘서트를 다녀왔고 꿈속에서도 아이돌 멤버를 만나기까지 하는 등 자신의 소원을 이루었다고 말했습니다. 그리고 다시 돈을 모아 콘서트에 또 가겠다고 했습니다. 이처럼 아이들은 중고등학생이 되면 자신이 좋아하는 것에 아낌없이 돈을 씁니다. 때론 돈을 쓰고 후회도 하지만 시간과 노력을 들이면서 원하는 것들을 해 볼 기회를 갖는 것은 중요한 일입니다.

아이들끼리는 생일도 잘 챙겨줍니다. SNS의 발달과 간편결제서비스로 기프티콘 선물을 주고받기도 하고, 성인이 된 아이들은 명품이나 갈비세트 같은 것들을 선물로 주고받기도 합니다. 그러니 돈 모으기가 무섭게 자꾸 돈 들어갈 일이 생깁니다. 성인(대학생)이 되어 알바를 시작한 딸아이가 돈을 어떻게 사용하는지 지켜보았습니다. 딸아이는 첫 달 받은 알바비로 부모님 선물과 가족들 선물을 사고 친구들과 유명 맛집을 갔다 오고 옷가지와 화장품을 샀습니다. 그러다 보니 어느새 한 달 알바비가 눈 깜짝할 사이에 사라졌습니다. 그렇게 두 달을 보낸 후 이렇게 쓰면 남는 게 하나도 없겠다며 적금에 가입하겠다 하고 얼마 정도를 적금액으로 하면 좋을지 조언을 구했습니다. 그래서 본인이 스스로 저축액을 정하되 조금 무리할 정도로 저축하면 된다고 알려주었습니다.

사람들은 과소비는 하면서 과저축은 어렵다고 생각합니다. 그러나 과하게 저축하지 않으면 아무리 돈을 모아도 모이는 게 별로 없습니다. 그래서 저축을 '티끌 모아 티끌이구나'라고 생각합니다. 생각했던 것보다 조금 과하게 저축을 하라고 큰 아이에게 조언했는데, 실제로 아이는 얼마짜리 적금에 가입했을까요? 해외여행을 목적으로 월 15만 원 적금에 가입했습니다. 그리고 보통예금에서 적금통장으로 자동이체를 신청했습니다. 중고등 시절 열심히 돈을 쓰던 아이가 자신만의 지니를 다시 만들고 애쓰는 모습으로 변모한 것입니다.

하고 싶은 것이 있는 아이 즉, 욕구가 있는 아이 그리고 원하는 것을 얻기 위해 어떻게 해야 하는지 생각하고 실행하는 아이는 결국 목표를 이루고 성취감도 느끼며 성장해갈 것입니다. 그 첫 번째 과제로 저축을 활용해보았으면 합니다. 저축은 지루한 자신과의 싸움입니다. 지치지 않게 재미있게 할 수 있도록 부모님이 중간중간 이벤트 등을 만들어주면 좋겠습니다. 아래에는 몇 가지 예를 들어보았습니다.

💬 자녀의 저축 유도 이벤트

- 유아기: 소원 상자(저금통)를 만들어 소원을 적고 돈을 모아보도록 한다. 소원을 그림으로 그려 시각화도 해본다.
- 저학년: 아이 이름의 통장을 아이와 함께 만든다. 비밀번호 만들 때 주의사항을 알려주고 본인의 비밀번호는 스스로 만들도록 한다. 통장에 이름표, 꼬리표를 달아주어 세상에서 히니밖에 없는 자신만의 통장을

만들도록 한다.

- 고학년: 은행이 하는 일과 은행에서 사용하는 용어들을 설명해준다. 아이가 저축 목표를 이루면 부모님이 이자를 주어 즐겁게 저축하도록 지지해준다.
- 청소년기: 소비요정이 되는 시기이므로 1+1이라는 이벤트로 아이가 저축하면 부모님이 같은 금액을 아이 통장에 추가로 저축해 준다. (단, 소원을 이룰 때까지 찾을 수 없다는 규칙을 만든다.)
- 사회초년생: 저축의 종류를 알려주고 돈을 모으는 적금통장을 만들어 돈을 모으는 습관을 들이도록 한다. 은행과 저축은행의 이자를 찾아보고 비교해서 통장을 만들도록 한다(금융감독원 '금융 상품 한눈에'(finlife.fss.or.kr) 사이트를 활용).

⑧ 금융 셋팅 습관

이건 꼭 가입시켜라

고등학교 시절 결혼을 아주 늦게 하겠다는 친구가 있었습니다. 대학 시절 결혼은 해도 아이는 절대 갖지 않겠다는 친구도 있었습니다. 그런데 결혼을 늦게 하겠다는 친구는 누구보다 제일 먼저 결혼했고, 아이를 갖지 않겠다던 친구도 제일 먼저 아이를 낳고 잘살고 있습니다.

요즘 아이들은 조금은 다른 이유로 결혼과 출산을 거부합니다. 아시다시피 좋은 직장에 취업하기도 어렵고, 결혼하는 데 필요한 조건을 채우기는 더 어렵고, 같이 살 집을 구하는 일은 더욱더 어려운 일이라 그렇습니다. 그러다 보니 취직시키고 결혼시켜 분가하는 것까지를 부모의 의무처럼 생각하는 분들이 많습니다. 이런 일이 잦아지다 보니 아이들은 돈에 대해 무관심하거나 은행 일, 부동산 일 등에 지식이 전혀 없습니다. 물론 반대로 돈을 악착같이 모으기 위해 투자에 대한 생각이나 투자 경험을 상대적으로 많이 갖고 있는 아이들도 있습니다. 하지만 젊은 아이들이 하는 투자는 미래를 보는 투자라기보다는 단기 유행이나 차익을 따라가는 투자를 더 많이 하는 편입니다. 그래서 이런 아이들에게 사회생활을 본격적으로 하기 전에 이것만큼은 반드시 알려주었으면 합니다.

바로 자신의 돈의 흐름을 보는 습관입니다. 중고등학교 시절 부모님의 돈과 카드로만 사용하던 지출 습관을 성인이 되어서도 똑같이 이어가면 안 됩니다. 지출 통제를 잘하는 사람이 결국 재테크도 잘합니다. 자신의 용돈 지출 통제를 재테크의 기본으로 생각해야 합니다. 기본적인 의식주 외에 쉽게 쓰기 쉬운 배달비, 커피 값, 치맥, 피자, 간식비 등이 얼마나 되는지 확인하도록 해야 합니다. 편의점에서 자주 사는 생수와 음료 그리고 각종 수수료와 무제한 핸드폰 요금 등 불필요하게 지출하는 것은 없는지 스스로 확인하고 관리하도록 해야 합니다.

지출 통장이나 카드 만들기

지출 전용으로 쓰는 통장을 만들거나 용돈용 체크카드를 만들어서 1주일 단위로 쓸 수 있는 돈을 정해 놓습니다. 그리고 1주일마다 사용 금액을 점검하는 시간을 갖습니다. 이번 주에 아껴 썼다면 다음 주에 좀 더 여유롭게 쓴다거나 이번 주에 여유롭게 썼다면 다음 주에 지출을 줄이거나 하는 노력을 합니다. 내 용돈의 지출 흐름을 잘 알아야 돈을 통제하는 습관을 가질 수 있습니다. 가장 큰 지출 항목은 무엇인지, 사 놓고 후회하는 물건은 없는지 등을 확인합니다. 그리고 매달 자동으로 빠지는 고정비에 굳이 가입하지 않고 해지할 것들은 없는지도 체크해봅니다.

살을 빼는 다이어트와 소비를 줄이는 다이어트는 무척 유사한 점이 많습니다. 오래 지속할 수 있어야 하고 너무 스트레스받지 않도록 해야 합니다. 통제나 규칙을 정하되, 지속할 수 있는 수준으로만 정해야 합니다. 그 시작은 나의 라이프스타일을 점검하고 관찰하는 것부터입니다. 내가 주로 무엇을 많이 먹는지 건강한 다이어트를 위해 무엇을 먹어야 하는지 점검하듯, 주로 어디에 돈을 쓰는지 앞으로는 주로 어디에 돈을 써야 하는지 점검하고 자신의 씀씀이를 관찰하는 습관을 들여야 합니다.

그리고 자녀가 신용카드를 사용하고 있다면 카드대금 결

제일을 14일이나 15일로 해 놓습니다. 보통은 카드 결제일을 월급이나 수입이 들어온 다음 날로 많이들 하는데, 이 경우 지난달 1일부터 말일까지 사용액을 확인하는 것이 헷갈리기 쉽습니다. 전월 얼마 이상 써야 캐시백 같은 혜택을 받을 수 있는데, 그런 것을 계산하기에도 1일부터 말일까지 사용한 내역을 다음 달에 결제할 수 있게 결제일을 정하는 것이 좋습니다.

자동저축 시스템 만들기

자녀의 이름으로 적금 통장을 만들게 하고 여기에 자동으로 돈이 저축되는 '자동이체' 설정을 해둡니다. 자동이체를 통하여 매월 같은 날짜에 일정액의 돈이 통장에 소복소복 쌓이는 즐거움을 느끼도록 합니다. 돈이 모이는 장치가 자동이체라면 돈이 나가는 장치도 자동이체입니다. 따라서 자동으로 돈이 나가고 있는 건 없는지도 점검해야 합니다.

자녀가 성인이 되면 자신의 용돈과 알바비 그리고 직장생활을 하고 있다면 월급의 일정 부분을 적금에 가입하도록 권합니다. 지자체별로 청년들의 종잣돈 마련을 도와주는 자산형성지원(청년통장) 사업들이 있습니다. 이를 이용하는 것도 좋습니다. 시중은행보다 조금 더 많은 이자를 받을 수 있고 세금 혜택도 있습니다. 살고 있는 지역의 주민센터로 문의해

안내받을 수 있습니다.

    자동이체가 되는 적금은 처음에는 부담 없이 가볍게(재미있게) 시작하는 게 좋습니다. 커피나 음료수를 매일 마시는 대신에 매일 2천 원 혹은 3천 원씩 저축하는 적금통장을 만들고 입출금 통장과 적금통장을 연결하는 자동이체를 신청하도록 합니다. 물론 입출금 통장에는 항상 2천 원이나 3천 원 정도의 잔액이 남아있어야 합니다. 매일 3천 원씩 저축하면 1년이 지나면 얼마가 모일까요? 백만 원 정도가(정확하게 1,095,000원) 모입니다. 이처럼 부담 갖지 않는 선에서 적금을 시작하고 자동이체를 통한 저축 시스템을 만들어 놓습니다.

    요즘 아이들은 성인이 되어서도 은행의 저축 상품이나 은행에서 사용하는 용어들을 잘 모릅니다. 은행에서 주는 이자는 1년 기준이고, 이자를 많이 주는 상품일수록 신용카드 이용 같은 조건이 붙을 수 있다는 것도 알려주면 좋습니다. 그리고 여기에 단리와 복리의 개념도 알려줍니다. 아시다시피 단리는 원금에 이자를 주는 것이고, 복리는 원금에 붙은 이자를 전체 금액으로 보고 여기에 다시 이자를 주는 계산법입니다. 그런데 1%, 2%의 저금리 시대에는 복리 상품도 별로 없거니와 있다 하더라도 낮은 금리로 인해 복리 효과는 크게 기대하기 어렵습니다. 그러니 복리에 연연하지 말고 조금이라도 이자를 더 주는 상품을 찾아보는 것이 좋습니다. 앞에서도 한 번 말씀드렸는데, 금융감독원에서 운영하는 '금융 상품 한눈에' 사이트에 들어가면 시중 은행, 저축 은행의 금리 비교를 한 눈에 파악할 수 있습니다.

세금우대와 비과세의 개념도 알려주어야 합니다. 저축하고 받는 이자에는 세금이 부과됩니다. 즉, 15.4%의 소득세를 냅니다. 그런데 이때 세금 우대를 받게 되면 9.4%의 소득세만 내면 됩니다. 비과세는 말 그대로 아예 세금을 내지 않아도 되는 것을 말합니다. 저축 금액이 커지면 비과세상품이나 세금우대 상품에 대해서도 눈을 돌리고 세금 혜택을 조금이라도 더 받을 수 있는 상품을 찾아보는 것이 중요합니다.

주택청약통장 만들기

"내가 무슨 돈으로 아파트를 사겠어!" "내가 언제 아파트를 사?" 이처럼 집에 대한 생각을 아예 접은 아이들도 많지만 청년이나 1인 가구에 주는 혜택들이 점점 늘어나는 추세인만큼 저축도 하고 혹시 모를 좋은 기회를 얻을 요량으로 주택청약통장은 무조건 들어야 합니다.

아파트 분양을 받을 때 반드시 필요한 통장이 주택청약저축통장입니다. 콘서트 공연을 보러 가는 데 필요한 입장권과도 같습니다. 일반 건설사에서 분양하는 민영아파트는 물론이고 LH(한국토지주택공사)나 SH(서울주택도시공사) 같은 곳에서 분양하는 공공아파트를 분양받기 위해서도 청약 통장이 필요합니다. 아파트 청약은 청약자가 많을 경우 가점제 방식을 적용해서 우선순위를 정하게 됩니다. 무주택으로 있던 기간과 부양하는 가족 수에 따라 점수가 차등 부과되며 여기에 청약통장 가입 기간이 추가로 점수로 들어갑니다. 따라서 일찍 가입해 가입 기간이 오래 될수록 높은 점수를 얻을 수 있습니다. 공공아파트는 납입 금액이 얼마나 쌓였느냐와 납입한 횟수를 보기도 합니다.

아이 때 가입한 청약통장은 최대 2년까지만 인정되니 빨라야 18세 정도일 때 가입하는 것이 좋습니다. 민영아파트를 분양받을지 공공아파트를 분양받을지 정하는 것보다 빨리 청약통장에 가입하는 것이 더 유리하므로 성년이 되었다면 바로 가입을 시켜주는 것이 좋습니다. 월 최대 10만 원까지 인정해주니 매월 10만 원 정도를 내는 것이 좋습니다. 성인이 된 자녀에게 성년의 날이나 생일 때 통장을 만들어주고, 첫 1회만 부모가 납부해주면 성년이 된 기념으로 좋은 선물이 됩니다.

내 집 마련을 꿈꾸는 2030 청년들에게 청년우대형 청약통장도 있습니다. 매월 2만 원에서 50만 원까지 자유롭게 납입할 수 있으며 이미 청약 통장이 있어도 조건이 맞으면 청년우대형으로 전환할 수도 있습니다. 10년간 최대 3.3% 금리로 일반 청약종합저축보다 높은 금리를 제공합니다. 가입 조건은 만 19~34세 청년이며 연소득 3천 만 원 이하로 주택을 소유하지 않은 세대주이거나 무주택이며 가입 후 3년 내 세대주 예정자이어야 합니다(2022년부터 연소득 3천 6백만 원 이하로 변경).

"청약이 되겠어?"가 아니라 가능성을 조금이라도 높인다는 생각으로 가입 기간은 길게 월 납입액은 10만 원 씩 꾸준히 저축하는 게 좋습니다.

필요한 보험 제대로 알기

살아가면서 겪을 수 있는 예기치 못한 위험에 적어도 경제적인 도움은 받을 수 있다고 생각하고 가입하는 것이 바로 보험입니다. 그런데 문제는 보험 상품에 대한 이해 없이 이런 저런 이유로 가입한다는 것입니다.

몸에 좋다는 영양제는 세상에 너무나도 많습니다. 눈에 좋은 영양제, 뼈에 좋은 영양제, 혈액 순환에 좋은 영양제, 피로 회복에 좋은 영양제 등 몸에 좋다는 영양제를 다 먹을 수 없는 것처럼 좋다는 보험에 다 가입할 수도 없습니다. 내게 제일 필요한 영양제가 무엇인지 두세 개 정도만 골라서 꾸준히 복용하는 것이 좋습니다. 보험도 마찬가지입니다. 최소한의 보험으로 내가 중요하게 생각하는 가장 큰 위험에 대비할 수 있을 정도면 됩니다.

보험회사에서 판매하는 보험을 은행 창구에서도 가입할 수 있는데 이것을 '방카슈랑스'라고 합니다. 프랑스어로 은행과 보험의 합성어입니다. 적금에 가입하러 갔다가 은행 직원의 권유로 저축성 보험에 가입하는 경우가 있습니다. 보험은 위험에 대비한 보장성 기능이 있습니다. 여기에 저축의 기능이 더해진 것이 바로 저축성 보험인데 10년 이상 계약을 유지할 때 이자 소득세를 내지 않는 즉, 비과세 혜택을 받을 수 있습니다. 따라서 중간에 해약하면 손해가 큰 금융 상품인 만큼 10년 이상 꾸준히 낼 수 있는지 생각해보고 꼼꼼하게 따져본 다음 가입해야 합니다. (손해보험협회와 생명보험협회가 운영하는 웹사이트 '보험다모아'(e-insmarket.or.kr)에서 보험상품과 보험료를 비교해 볼 수 있다. 보험 관련한 용어도 쉽게 설명해 놓았다.)

국민연금 가입하기

나이 들어서도 매달 용돈처럼 돈이 생긴다면 얼마나 좋을까요? 국민연금은 국가가 운영하는 사회보험 제도로 나이가 들어 소득 활동이 중단될 때 그동안 낸 돈을 연금으로 지급받는 제도입니다. 직장인이라면 내가 원치 않아도 이미 월급에서 자동으로 국민연금을 내게 되어 있습니다. 그런데 직장을 다니지 않는 군인, 대학생, 취업준비생이거나 주부여도 만 19

세 이상이면 임의 가입을 통해 국민연금 가입자(임의가입자)가 될 수 있습니다. 그리고 국민연금은 가입 기간이 길수록 수령액이 늘어나니 일찍 가입하는 것이 좋습니다. 하지만 물가 상승률과 국민연금 고갈이라는 문제점도 있는 만큼 최소한의 금액으로 아이가 가입할수록 도와줍니다.

청약 통장처럼 성년이 된 자녀에게 국민연금 1회차를 선물해주는 것도 좋은 재테크 선물이 됩니다(소득이 없는 사람은 월 최저 9만 원). 두 번째 보험료부터는 성인 자녀가 내도록 합니다. 만약 못 내는 상황이 생긴다면 '추후납입제도'를 이용할 수도 있습니다. 젊을 때의 10만 원 아니 9만 원으로 노후를 좀 더 안정적으로 살 수 있게 해주는 제도인만큼 자녀에게 꼭 가입하라고 권유하면 좋습니다.

ISA 통장 만들기

2016년 도입되어 만능통장이라고 불리는 ISA 통장, 개인의 자산 관리를 세금을 줄이면서 할 수 있는 통장입니다. 개인종합자산관리계좌(Individual Savings Account)입니다. ISA는 쉽게 말해 '세금을 아끼는 금융 상품 바구니'입니다. 예적금, 펀드, 주식 등 여러 금융 상품들을 이 통장에 넣을 수 있습니다. 그래서 돈이 생길 때마다 이 계좌에 돈을 넣어두고 원하는 금융 상품을 살 수 있습니다. 의무 가입 기간인 3년을 넘기고 난 이후부터는 이자, 배당, 손실 등 모든 금액을 합쳐 2백만 원(서민형 가입자는 4백만 원까지)을 비과세 해주는 상품입니다. 즉, 예적금이 만기가 되어 돈을 찾으려고 하면 이자소득에 대해 15.4% 세금이 나가는데 이를 2백만 원까지 비과세해주는 계좌입니다. 그리고 2백만 원 초과분에 대해서는 9.9%의 세금만 내면 됩니다. 은행, 증권사 등 어디에서나 만들 수 있고 만 19세 이상이면 누구나 소득, 직장에 상관없이 만들 수 있습니다. 단, 이자소득이 2천만 원 이상인 사람, 즉 돈이 많은 사람은 가입하지 못합니다. 왜냐하면 서민을 위한 상품이기 때문입니다.

최대 연간 2천만 원까지 이 통장에 넣어서 각종 투자를 할 수 있는데 5년동안 최대 1억까지 넣어둘 수 있습니다. 올해 1천만 원만 넣었다면 올해 남은 한도인 1천만 원을 다음 해에 이월해서 3천만 원까지 넣을 수 있습니다. 계좌 유지 의무 기간은 3년입니다. 입출금은 자유롭게 할 수 있지만 계좌를 해지하면 세금혜택은 받지 못하며 1인 1계좌만 만들 수 있습니다. 일단 빈주머니라 하더라도 계좌를 만들어 놓는 것이 좋습니다.

내 수입과 지출의 흐름을 보면서 내 상황을 보다 객관적으로 파악하고 필요에 따른 행동을 시도하는 것이 경제력입니다. 사회초년생, 성년이 된 자녀에게 경제력을 만들 수 있는 작은 실천을 가르쳐줍니다. 경제력은 실천에서 성장합니다. 아이의 미래를 위해서 부모가 챙겨야 할, 나아가 가르쳐야 할 습관입니다.

⑨

돈의 대화를 하는 습관

불편한 진실을 마주하라

그동안 기업들의 마케팅 타깃층은 주로 4~50대였습니다. 경제 활동을 하면서 모은 돈을 쓸 수 있는 연령대이기 때문입니다. 하지만 지금은 아닙니다. 기업들은 젊은 세대들을 타깃으로 하는 마케팅을 활발하게 진행하고 있습니다. 그 이유는 이들이 부모를 대신해 가족들의 소비를 대행하는 경향이 있기 때문입니다. 요즘은 자녀 세대가 가족 내 소비를 주도하며 물건 선택에도 막대한 영향을 미칩니다. 먹고 싶은 것, 사고 싶은 것들을(침대, 자동차, 가전, 가구 인테리어 소품 등 고가의 제품들도) 가족에게 추천합니다. 그래서 카드사는 젊은 세대를 위해 카드 디자인에 심혈을 기울이고 간편 결제를 유도하며 젊은 세대들이 관심을 가지는 메타버스 마케팅에도 돈을 들이고 있습니다.

이런 상황에서 점점 더 아이들이 집안 경제의 주축으로 성장하기 전에 돈의 대화를 시작해 보면 좋습니다. 어른 세대는 그동안 돈의 대화를 터부시했습니다. 유교적 영향 때문이기도 하고, 부모 자체가 돈에 대해 잘 알지 못해 아이들 앞에서 돈 얘기 하는 걸 꺼렸습니다. 하지만 이제는 다릅니다.

유아와의 돈의 대화

부모인 나도 경제 개념이 부족한데 어떻게 자녀에게 경제 교육이나 용돈 교육을 할지 엄두가 안 난다는 분들이 있습니다. 너무 부담스럽게 생각하지 마시고 가볍게 시작해보면 좋겠습니다. 먼저 아이들을 대상으로 하는 경제 동화책을 부모님부터 읽어보고 아이들에게도 권합니다. 만약 아이가 싫다고 하면 굳이 읽게 할 필요는 없습니다. 부모님이 대신해서 동화책 내용을 이야기해주면 됩니다. 그래서 아이보다 부모가 먼저 읽는 게 중요합니다. 그런 다음 주인공이 되어 돈의 대화를 나누어 봅니다. "내가 만약 이 상황이라면 이렇게 할 텐데 너는 어떨 것 같니? 부자들은 욕심쟁이인가? 욕심은 나쁜 것일까?" 등 서로 질문과 답을 하면서 생각을 나누는 시간을 가집니다.

추천하는 경제 동화책은 『꼬박꼬박 저축은 즐거워!』『또 마트에 간 게 실수야!』『왜 아껴 써야 해?』『요셉의 작고 낡은 오버코트가…?』『용돈 좀 올려주세요』『누가 제일 부자일까요』『나의 첫 경제책 1,2,3,4』『레몬으로 돈 버는 법 1,2』등이 있습니다. 『사람은 무엇으로 사는가』『사람에게는 얼마만큼 땅이 필요한가?』이 책들은 러시아 대문호 톨스토이의 단편선으로 돈에 대한 가치관을 새롭게 정립하기에 좋은 책입니다. 부모님께서 먼저 읽고 아이들에게 얘기해주면 좋습니다.

초등학생과의 돈의 대화

돈을 써 보고 스스로 관리도 할 수 있게끔 작은 돈을 경험하는 용돈 교육을 시작합니다. 얼마의 돈이 필요한지 어디에 쓸 것인지 그리고 저축이나 기부도 할 수 있다고 알려줍니다.

경제 교육, 용돈 교육도 결국은 돈 공부입니다. 돈 공부는 부모인 우리도 제대로 배운 적 없는 과목입니다. 각자 관심 정도에 따라 조금씩 개인적으로 공부한 것이 전부입니다. 그러니 아이에게도 이렇게 이야기해 보세요. "엄마도 아빠도 처음 하는 공부야. 어릴 때에 따로 배운 적이 없어. 어른이지만 솔직히 잘 몰라. 그래서 너만은 그렇지 않도록 해야겠다고 생각하는 거야." 고해성사와 같이 아이에게 나의 무지함을 공개하면 마음이 한결 편안해집니다. 돈 관리를 잘할 수 있도록 알려주고 함께 배우는 출발점이라 생각하고 함께 시작하면 됩니다.

아이들은 집안의 CCTV입니다. 안 보았으면 하는 것은 보고, 안 따라 했으면 하는 것은 기막히게 따라 합니다. 그러니 보여주는 경제 교육도 필요합니다. 부모가 먼저 가계부 앱을 다운받아 생활비를 요모조모 적어가며 소비를 통제하는 모습을 보여주고 때로는 돈을 쓰고 실수하는 모습, 후회하는 모습도 보여줍니다. 그리고 아이들 앞에서 카드 사용이나 쇼핑을 자제하는 모습도 의도적으로 보여줍니다. 그런 다음 아이와 함께 부모가 생각하는 돈에 대한 의견도 나눠봅니다. 어떤 내용이라도 좋습니다.

"엄마 어렸을 때는 할아버지가 달력을 오려서 메모지로 쓰고, 작은 물건 하나도 엄청 아끼셨어. 그런데 어느 날 크리스마스 선물로 하모니카를 사 주신 거야. 완전 감동이었지. 빨간 스케이트도 선물로 받은 적인 있는데 사이즈가 너무 커서 솜이랑 신문지를 넣고 몇 년을 신었는지 몰라. 너는 엄마가 사준 물건 중에 어떤 게 제일 좋았어?" 이처럼 부모의 유년시절 추억을 나누다 보면 자연스럽게 아이의 생각도 엿볼 수 있습니다. 다만 '나 때는 말이야'가 되지 않도록 조심해야 합니다.

때로는 돈의 대화를 나누다가 깜짝 놀랄 수도 있습니다. '우리 아이가 이런 생각을 하고 있다니….' 머리를 한 대 얻어맞는 기분이 들 때도 있습니다. 한번은 작은 아이와 돈의 이야기를 나누다 깜짝 놀란 기억이 있습니다. "너는 돈이 많으면 뭐하고 싶어? 네 마음대로 다할 수 있다면?" "진짜? 내 맘대로? 음… 그럼 먼저 백화점에 가야지. 그리고 갖고 싶은 물건을 잔뜩 사서 양손에 쇼핑백 여러 개를 들고 나올 거야. 손이 모자라서 입에도 쇼핑백을 물고 영화에 나오는 여주인공처럼 머리를 휘날리며 백화점을 걸어 나오고 싶어." 이 말을 듣는 순간, 용돈 교육을 열심히 한다고 했는데 '소비요정이 여기 있었구나' 하는 생각이 들었습니다. 하지만 다른 한편으로는 아이가 정말 욕구가 많은데 부모인 내가 그 욕구를 누르고 있었구나 하는 생각이 들기도 했습니다.

돈에 대한 아이의 생각을 듣고 아이의 생각을 고쳐 주겠다거나 또는 혼을 내야겠다고 판단하면 안 됩니다. 아이가 하는 이야기를 듣고 저렇게 생각할 수도 있겠구나 이해하고 공감하는 것이 중요합니다. 그 밖에도 "왜 우리나라 지폐에는 국민들이 존경하는 인물이 있을까 없을까?" "5천 원짜리 인물과 5만 원짜리 인물의 관계는 어떻게 되는지 아니?" "다른 나라 지폐도 그 나라 사람들이 존경하는 인물로 지폐를 만들까?" 등 돈과 관련된 사소한 대화부터 시작해보면 됩니다.

용돈 교육을 하기 가장 좋은 시기는 언제일까요? 아이가 필요성을 느낄 때까지 기다려야 할까요? 아니면 용돈 교육도 조기 교육하듯 일찍 시작하면 될까요? 정답은 없지만 아이의 성향을 보고 판단하면 됩니다. 아이가 숫자에 빠르고 돈에 대한 관심을 보인다면 일찍 시작해도 괜찮지만, 보통은 초등학교 2학년부터 3학년 사이에 시작하는 게 좋습니다. 이때는 아이들이 돈을 쓰기보다는 저축하고 모으는데 관심이 많습니다. 근데 이때부터 이미 뭘 사기를 좋아하는 아이들이 있다면 부모가 너무 쉽게 원하는 물건을 사주는 것은 아닌지 자신의 소비 습관부터 점검해볼 필요가 있습니다.

아이가 처음으로 칼을 쓰고 가위를 쓸 때는 안전장치가 있는 가위나 칼을 사용합니다. 그런데 신용카드나 체크카드에는 그런 안전장치가 없습니다. 그나마 현금은 돈의 크기와 가치를 눈으로 직접 확인할 수 있습니다. 그래서 카드 대신 현금으로 용돈 교육을 시작하는 게 좋습니다. 하지만 부모인 나부터 현금 대신 카드를 더 많이 쓰는 만큼 카드 사용에 대한 교육은 꼭 필요합니다.

"왜 사람들은 점점 현금보다 카드나 스마트폰으로 물건을 살까?" "마트에서 신용카드를 사용하면 마트는 어디서 돈을 받는 걸까?" "왜 5만 원 미만의 카드 거래에는 사인을 하지 않는 걸까?" "신용카드를 사용하면 돈은 언제 어디로 내는 걸까?" "신용카드 사용하려면 연회비를 내는데 연회비가 뭘까?" "왜 어떤 카드는 놀이 동산, 햄버거 가게, 화장품 등을 살 때 할인 혜택을 주는 것일까?" 이런 질문들을 아이에게 하고 부모님도 같이 그 답을 생각해봅니다. 이 과정이 돈의 대화입니다.

아이를 키우는 초1부터 6학년까지 참 시간이 길게 느껴집니다. 하지만 중고등학생이 되면 정말이지 시간이 순식간에 지나가고 아이와 대화할 시간은 점점 줄어들게 됩니다. 그래서 아이가 초등학생일 때 용돈 교육을 비롯한 부자 교육을 미리 잘해 두는 것이 중요합니다. 용돈 금액을 정하는 것도 부모님이 대신 지출해주는 것과 아이 용돈으로 직접 지출할 것을 함께 이야기하며 조율과 협상을 통해 결정합니다. 이때 약간 빠듯하거나 부족하게 금액을 결정합니다. 예를 들어 초등 4학년이면 매주 '4천 원 + 알파' 6학년이면 '6천 원 + 알파'로 정합니다. 플러스알파는 각 가정의 사정에 따라 아이와 함께 결정하면 됩니다. 그리고 정해진 용돈은 정확한 날짜(1주일 혹은 한 달)에 제때 주는 노력을 해야 합니다. 그렇게 상당 기간을 유지하고, 추후 용돈 인상 등을 아이와 조율하면 됩니다.

청소년과의 돈의 대화

저의 경우, 중3 딸아이는 1주일 용돈이 2만 5천 원입니다.

9학년인 셈이니 9천 원에 알파 금액을 1만 6천 원으로 책정했습니다. 중학교에 들어가면서 옷이나 신발 등을 자신이 원하는 것으로 직접 사겠다고 해서 일정 용돈 금액을 정하고 매년 중1(1만 원) 중2(2만 원) 중3(2만 5천 원) 이렇게 올려주었습니다. 그러다 코로나가 발생하면서 외출이 적고 집에만 있는 시간이 늘어나 용돈을 줄이려고 했더니 반발심이 엄청나 일단은 외부 상황과 상관없이 용돈을 주고 있습니다.

아이는 매주 받는 자신의 용돈을 모아 교통, 간식, 학용품, 옷이나 신발, 액세서리, 기타 잡비 등에 사용합니다. 화장품이나 속옷 등의 기본적인 물건은 부모가 사 주지만 자신이 갖고 싶어 하는 것은 자신의 용돈을 모아 사도록 했습니다. 물론 '식스 포켓'인 어른들이 주는 용돈도 틈틈이 보너스처럼 생기니 이것저것 자신이 필요로 하는 물건들을 사는 데에 크게 모자라지는 않습니다.

큰딸아이는 초등학교 때까지는 저축을 곧잘 하였는데, 중학생이 되고 학년이 올라갈수록 저축과는 점점 멀어져 갔습니다. 하지만 일일이 간섭하지는 않았습니다. 아이는 항상 용돈에 불만이 있습니다. 어른들이 자신의 월급에 만족하지 못하는 것과 똑같습니다. 아이는 "누구는 엄카를 쓰고, 누구는 무엇을 사고, 누구는 어디로 여행을 가고, 친구들이 고민하지 않고 돈 쓰는 것을 보면 부러워…." 이렇게 자신의 주변 상황을 이야기하며 친구들을 부러워했습니다. 그래서 아이와 돈의 대화를 하다 보면 때론 짠하기도 하고, 때론 대수롭지 않게도 듣게 되기도 하고, 때론 웃기도 하면서 이런저런 집안 사정 이야기를 하게 됩니다. 물론 어떤 때에는 이해가 안 되는 부분이 있고, 사소한 것으로 다툼이 일어나기도 합니다. 그렇게 돈의 대화를 통해 서로를 알아가는 시간이 중요합니다. 아이가 더 크기 전에, 부모와 자녀 사이의 대화 벽이 더 두꺼워지기 전에 시도해야 합니다.

그런데 이런 대화 과정을 통해 아이가 얻는 중요한 것이 하나 있습니다. 바로 '협상'입니다. 아이는 원하는 것을 얻기 위해 어떻게 해야 하는지 고민하고 부모에게 제안합니다. 제안이 받아들여지지 않으면 다시 한 걸음 물러서서 협상을 합니다. "용돈을 모아서 살 건데 부족한 부분은 일부 보태 주면 안 돼요?" "이건 엄마, 아빠가 도와줄 이유는 없는 거 같은데…" "이번에만 좀 도와주시면 안 돼요? 다음엔 제가 알아서 살게요." 이런 대화들이 오가야 내가 원하면 당연히 부모가 해줘야 한다는 생각을 더이상 하지 않게 됩니다.

저는 아이들이 중학교 3학년 때까지 매주 토요일에 용돈을 주었습니다. 1천 원, 5천 원, 1만 원 지폐를 편의점 사장님처럼 항상 현금으로 준비해 놓았다가 줬습니다. 제때 주지 않아 빚쟁이한테 빚 독촉을 받는 것처럼 아이에게 재촉을 받기도 했습니다. 한 번은 몇 천 원이 없어서 인터넷뱅킹으로 아이의 체크카드와 연계된 통장에 입금해주었습니다. 아이는 체크카드를 사용하면서 1주일을 보내더니 다음부터는 꼭 현금으로 달라고 했습니다. 통장에 있는 돈이 어느새 사라지고 없다며 현금을 가지고 있어야 함부로 쓰지 않는다고 말했습니다. 그리고 고등학교에 올라가면서는 용돈을 한 달에 한 번 받고 싶다고 해서 그렇게 하기로 했습니다.

용돈을 지급할 때 용돈이 떨어지면 부모에게 손을 벌려선 안 된다는 것을 반드시 주의시켜야 합니다. 한번은 아이가 사고 싶은 것이 있어 몇 달 동안 모은 용돈을 탈탈 털어 물건을 구입한 적이 있습니다. 그리고 며칠 뒤 오랜만에 연락온 친구가 만나서 놀자고 했습니다. 그런데 딸아이는 용돈을 다 써서 만날 수가 없다고 했습니다. 그러자 친구는 자기 돈을 빌려줄 테니 만나자며 다시 연락이 왔습니다. 딸아이는 어떻게 해야 하느냐며 저에게 물어 왔습니다. 저는 친구에게 돈을 빌리는 것은 아닌 거 같다고 말하고, 결국 용돈을 가불해 주었습니다. 그리고 다음부터는 가지고 있는 용돈을 한 번에 다 쓰는 일이 없도록 하라고 당부했습니다. 무슨 일이 생길지 알 수 없으니 항상 비상금을 마련해 놓으라 했습니다. 이런 것도 돈에 대한 중요한 공부입니다.

얼마 전 아이와 함께하는 학부모 경제 교육 특강 시간이 있었습니다. 강의 중간에 부모와 아이가 즉석에서 돈의 대화를 나눌 시간을 잠깐 가졌습니다. 그런데 대화 도중 어떤 부모님이 깜짝 놀라는 일이 있었습니다. 아이가 평소에 용돈 달라는 말을 안 해 용돈 지급을 그동안 한 번도 신경 쓰지 않았는데, 대화를 하다가 아이가 매번 친구들로부터 간식 등을 얻어먹는다는 사실을 알게 된 것입니다. 부모님은 그 자리에서 아이에게 용돈 지급을 약속했습니다. 아이가 말하지 않았다면 아마도 몰랐을 일입니다. 그런데 이런 일들이 의외로 많습니다. 돈의 대화가 특히 그렇습니다.

"엄마! 우리 집은 가난한가요?" "우리 집은 부자인가요?" "엄마 아빠 월급은 얼마예요?" "우리 집에 빚이 있나요?" "왜 다른 집 부모님처럼 원하는 것을 바로 사주지 않나요?" "내가 모아서 내 돈으로 사는 건데, 왜 부모님께 허락을 받고 사야 하나요?" "엄카는 왜 안 주나요?" "왜 제가 무엇을 사고 무엇을 하는지 알려고 하나요?" "그냥 한 달 용돈을 제 통장에 넣어주면 안 되나요?"

아이는 성장하면서 주변 친구들과 주변 환경들을 보면서 이런저런 돈에 관한 질문을 합니다. 어떻게 답해 줘야 할까요? 우리 집 살림살이를 고스란히 아이에게 알려 주는 게 좋은 걸까요? 당연한 말이지만, 그냥 대화를 회피하는 게 정답은 아닙니다. 그러려면 준비가 되어있어야 합니다. 그래서 부모인 내가 먼저 돈에 대한 자신만의 생각과 기준을 가지고 있어야 합니다.

돈이 많은 사람은 경제생활을 잘하고 돈이 적은 사람은 경제생활을 못하는 것이 아닙니다. 돈이 많은 사람도 돈 관리를 못하면 경제생활이 어려워집니다. 자본주의 사회에 살고 있는 우리는 자본의 힘, 돈의 힘을 매일같이 느끼며 살아갑니다. 이때 우리에게 꼭 필요한 것이 '머니 센스'입니다. 머니 센스 즉, 돈에 대한 감각이 있어야 지속가능한 경제생활을 할 수 있습니다. 나에게 돈은 어떤 가치가 있고, 돈에 대한 나만의 기준은 무엇인지, 돈을 가치 있게 사용하는 것은 어떤 것인지 생각해 보아야 합니다. 돈에 대한 생각이 돈을 사용하는 행동으로 옮겨질 때 그것이 바로 자본주의를 사는 나 자신의 모습입니다. 내 돈은 아끼면서 남의 돈은 함부로 생각하고 있는 건 아닌지, 노동의 가치를 소중하게 생각하며 다른 사람들을 대하고 있는지 생각해 보아야 합니다.

돈을 대하는 나(부모)의 생활 태도는 어떤가요? 신용카드를 함부로 사용하고 있지는 않나요? 물건을 부주의하게 다루고 있지는 않나요? 저축과 투자에 대한 이해도 같이 잘하며 실천도 하고 있나요? 기본적인 경제 지식은 있는지, 부자에 대한 기준이나 생각을 아이에게 말해줄 수 있는지, 일상에서 긍정적인 마인드와 언어를 사용하는지, 돈에 대한 철학은 있는지, 돈을 벌고 모으고 쓰고 지키고 나누는 능력은 있는지, 건강을 지키는 노력은 하는지 등등. 일상의 모든 것들이 돈과 연관되어 있고 각각의 상황에서 아이들에게 이야기해 줄 수 있는 가치관의 기준을 마련해야 합니다.

돈 이야기, 돈의 대화는 매우 민감하고 불편한 이야기일 수 있습니다. 돈에 대해 별 뜻 없이 이야기한 것들이 감정 표출로 연결되어 상처를 주기도 합니다. 저는 결혼 초 남편과 1년에 한 번씩 연례행사처럼 돈 때문에 싸웠습니다. 말 한마디에도 상처받고 며칠 동안 대화를 단절하며 시간을 보내기도 했습니다. 아이와 돈의 대화를 할 때도 무심코 던진 말로 상처를 주지 않도록 주의해야 합니다. 때로는 나도 모르게 아이에게 부모의 생각을 강요하기도 합니다. 부모도 완벽하지는 않습니다. 실수도 하고 실언도 합니다. 돈에 대한 생각을 옳고 그름을 판단하는 도구로 사용하지 않도록 해야 합니다. 아이의 생각이나 숨은 의미를 이해하는 노력이 필요합니다.

"우리 집 수입을 아이들에게 공개하는 것이 좋을까요, 공개하지 않는 것이 좋을까요?" "우리 집 가계대출, 신용카드 사용액을 아이들에게 공개하는 것이 좋을까요, 공개하지 않는 것이 좋을까요?" 물질적 어려움이 없거나 수입이 많은 가정에서는 굳이 가정 내 수입을 공개할 필요는 없다고 생각합니다. 부족함이 없는 생활보다는 약간의 결핍을 느낄 수 있는 것이 경제적 자립을 하는 데 도움이 되니까요. 하지만 경제적 상황이 어렵다면 정기적으로 가정에서 지출되는 비용을 알려주고 현재 상황을 인지하도록 하는 것도 나쁘지 않습니다. 그리고 아이가 어느 정도 돈의 크기를 인지하는 나이가 되었다면, 지출을 줄여야 하는 이유와 생활비를 아껴야 하는 이유 등을 정확히 알려주는 것이 좋습니다. 이처럼 돈의 대화는 불편한 진실입니다. 하지만 생각보다 많은 문제를 해결해 줍니다. 아이가 너무 커버리면 돈에 대한 불편한 진실은 가족 간의 불편한 관계만 만들 뿐입니다.

⑩

돈의 흐름을 읽는 습관

미래의 돈을 보라

"선생님! 이번 생은 망한 것 같습니다. 특히 저희 같은 남자들은 학교 졸업하면 군대도 가야 하고, 집값은 너무 올라 돈 벌어 집 사는 건 불가능하고, 저희는 어떻게 살아야 하죠? 앞이 캄캄해요." 중학교 1학년 비대면 경제 특강 시간이었습니다. 수업도 시작하기 전에 이제 겨우 14살, 중1 남학생의 푸념이 당황스러웠습니다.

"세상이 어떻게 돌아가는지 관심을 갖고 생활하는 것은 좋은 거 같아요. 그런데 기대감과 긍정적 생각을 함께 가지고 보면 더 좋을 것 같아요. 만약에 여러분이 진짜 캄캄한 곳에

갇혀 있다고 생각해보세요. 처음에는 무엇을 어떻게 해야 할지 모르겠지만 '이게 무슨 상황이지?'하면서 현재 처한 상황을 생각해 볼 거예요. 그리곤 정신을 가다듬고 손을 뻗어 더듬거리며 조심조심 한 걸음씩 움직일 거예요. 그렇지만 그냥 주저앉아만 있다면 아무런 일도 일어나지 않겠죠. 마찬가지예요. 세상이 어떻게 돌아가는지 살피고 기대감을 가지고 하루하루 충실히 살다 보면 좋을 일들이 생길 거예요." 중1 아이들에게 이렇게 답을 해주었는데, 제 마음이 잘 전달되었는지 모르겠습니다.

과거에는 공부 열심히 하고 대학 가서 졸업하면 취직하고, 회사를 열심히 다니면서 매달 월급 받아서 아끼고 저축하면 돈도 모이고 집도 사고 부자도 될 수 있다고 생각했습니다. 그런데 세상이 바뀌었습니다. 공부 열심히 해서 대학을 가도 졸업하기가 어렵고 취직도 쉽지 않습니다. 한 회사만 몇 십 년 동안 다니는 평생직장의 개념도 사라졌습니다. 매월 월급 받아서 저축은커녕 카드값에 대출금 갚기도 빠듯한 세상입니다. 열심히 저축한들, 돈은 기대만큼 금방 불지도 않습니다. 부동산 가격은 말도 안 되는 가격으로 올라있고, 부자가 되고 싶다는 꿈도 꾸지 못하는 게 현실입니다. 그렇다면 어떻게 살아야 할까요? 우리 아이들에게 어떻게 살아야 한다고 알려주어야 할까요? 제가 아이들에게는 희망을 얘기했지만, 부모인 우리는 달라야 합니다. 희망에 걸맞은 액션이 있어야 합니다.

소를 이용해 밭을 일구고 농사짓던 시절, 땀 뻘뻘 흘리며 쟁기질하며 밭을 갈고 있는데 그 옆에서 슝 하고 지나가는 트랙터를 보았습니다. 기분이 어떨까요? 사람과 물건을 실어 나르던 마부가 있던 시절, 마부가 마차를 끌고 가는데 갑자기 슝 하고 지나가는 자동차를 보았습니다. 이때의 기분은 또 어떨까요? 트렉터로 농사를 짓는 모습을 보았다면 그것이 무엇인지 알아보는 노력을 해야 합니다. 자신의 일과 연결되어 있으니 새로운 기술을 어떻게 사용해야 하는지 체크해야 합니다. 마차를 끄는 마부도 마찬가지입니다. 자동차에 관심을 갖고 어떻게 쓰는 것인지 알아보아야 합니다.

부모라면 아이들에게 미래에 대한 희망과 함께 그것에 수반되는 지식과 때로는 용기 같은 것들이 필요하다고 가르쳐야 합니다. 우리 아이가 무엇을 하고 싶은지, 무엇을 잘하는지, 진로에 대해서는 어떤 생각을 갖고 있는지 등 생각이 막연하더라도 세상의 변화 흐름을 알고 공부하는 것은 영어, 수학 공부만큼이나 중요하다고 알려주어야 합니다. 우리 집 돈은 어쩌면 그곳에서 비롯되고 있는지도 모르기 때문입니다.

지금부터는 간단히 그동안의 경제(돈) 흐름을 요약 정리해 보겠습니다. 평소에 경제 공부, 역사 공부를 꾸준히 한 분들이라면 이 내용을 건너뛰셔도 됩니다. 하지만 아이에게 그동안의 자본주의 흐름을 충분히 설명할 자신이 없다면 꼭 읽어두고 기억해두면 좋겠습니다. 이 이야기를 지금 여기서 하는 이유는 간단합니다. 아이에게 이 내용을 가르쳐야 하기 때문입니다. 학교와 학원에서는 영어 수학을 배우지만, 집에서는 아이에게 자본주의의 역사, 경제와 금융에 대한 이해, 돈의 흐름 등 일상 생활을 위한 상식을 가르쳐야 합니다. 학교 교육은 지식의 범주에서만 가르칩니다. 대신 부모님은 세상 흐름이 나와 상관없는 일이 아니라는 것을 실용적 지식으로서 가르쳐야 합니다.

세상은 기술의 발전과 함께 변화되어 왔습니다. 영국에서 일어난 1차 산업 혁명은 가내 수공업을 하던 방식에서 공장 기계를 통해 대량 생산하던 방식으로 공업화를 만들었습니다. 여기에는 증기 기관이 큰 역할을 했습니다. 수증기의 열에너지를 기계적인 일로 바꾸어 주는 장치인 증기 기관은 사람들의 노동 방식을 바꾸었습니다. 공장식 생산 방식이 일반화되면서 집에서 일하는 대신 공장으로 출근해 증기 기관으로 작동하는 기계에 맞춰 일했습니다. 사람들이 공장 근처에서 모여 살기 시작하면서 도시화가 진행되었습니다. 그리고 공장에서 만든 값싼 물건은 도시의 경제를 활성화하는 역할을 했습니다. 이때부터 자본가가 생기고 노동자가 생겨났습니다. 이처럼 1차 산업 혁명은 봉건주의(귀족과 노예)체제를 자본주의 체제로 변화시킵니다.

2차 산업혁명은 19세기 말 미국과 독일을 중심으로 철강, 화학, 자동차, 전기의 기술 혁신을 통해 시작됩니다. 미국의 토머스 에디슨과 니콜라 테슬라는 전기 에너지 혁명을 일으킵니다. 전기를 다루는 기술은 1,2차 세계대전을 겪으며 더욱 발전에 발전을 거듭합니다. 전화기와 라디오가 발명되고, 컨베이어 벨트를 통한 대량 생산이 시작되었습니다. 점점 더 사람들은 풍요의 시대를 살게 되었습니다.

3차 산업 혁명은 바로 컴퓨터의 대중화와 인터넷을 통한 정보 기술의 시대입니다. 인터넷의 보급은 일상생활의 일대 변혁을 가져왔습니다. 전자 메일, 인터넷 쇼핑, SNS 소통 등 일상에 많은 변화를 가져왔을 뿐만 아니라 전 세계가 하나로 연결되는 디지털 세상을 만들었습니다. 인터넷 속도는 점점 빨라지고 누구나 스마트폰을 하나씩 갖게 되면서 일상의 모든 일을 손 안에서 처리하게 되었습니다. 정보와 지식이 중요한 자원이 되며 전 세계는 지리적 영향 없이 모든 영역에서 서로 연결되어 영향을 주고받는 사이가 되었습니다. 이에 발맞춰 마이크로소프트, 아마존, 구글, 페이스북 등 디지털 세상의 문명을 만들어가는 세계적인 기업들이 성장하기 시작했습니다. 지금 우리는 몇 차 산업 혁명의 시대에 살고 있는 걸까요? 4차 산업혁명의 시기입니다. 3차 산업 혁명에 적응해 가려니 벌써 4차 산업 혁명의 시기라 합니다. 코로나라는 전염병은 4차 산업 혁명에 가속도를 붙였습니다. 서로 대면할 수 없으니 온라인상에서 대부분의 활동을 하게 되고 4차 산업 혁명을 대표하는 기술 키워드인 빅데이터, 인공지능(AI), 사물인터넷(IoT), 가상현실(VR, 메타버스) 등이 우리의 일상 속으로 들어왔습니다.

지금부터는 4차 산업 혁명의 주요 기술 키워드를 하나씩 살펴보겠습니다. '빅데이터'란 단어 그대로 '거대한 정보'라는 뜻입니다. 인터넷 환경에서 만들어지는 거대하고 복잡한 데이터의 전체 집합입니다. 수많은 교통 데이터를 통해 교통사고를 예측하고, 범죄 데이터를 통해 범죄 사고를 예방하기도 합니다. 질병 데이터를 통해서는 맞춤형 치료도 가능해집니다. 나보다 나를 더 잘 파악하는 것이 바로 빅데이터입니다. 우리가 자주 이용하는 넷플릭스, 유튜브, 인스타그램, 페이스북, 트위터 등은 내가 이용한 데이터를 분석하여 취향을 알아내고 거기에 맞춤해서 내가 좋아할 만한 것들을 추천해 줍니다. 기업들은 이런 정보를 이용해 더욱더 많은 소비를 부추깁니다.

인공지능은 알파고(바둑기사 이세돌 9단과 대결을 벌인 인공지능 바둑 프로그램)를 통해 전 세계적 관심을 끌었습니다. 기계가 인공적으로 만들어진 지능을 통해 생각하는 기계가 된 것입니다. 동물에게도 지능이 있긴 하지만 높은 수준의 지능은 인간의 고유한 능력인데 기계 스스로 학습(딥러닝, 머신러닝)을 하고 지능을 갖게 되었습니다. 〈스타트업〉이라는 드라마에서 딥러닝를 쉽게 설명하는 장면이 나옵니다. 컴퓨터를 타잔이라고 가정해보겠습니다. 타잔(컴퓨터)은 무인도에서 자라 여자를 한 번도 본 적이 없는데 어느 날 제인이라는 여자가 무인도로 왔습니다. 타잔이 제인에게 돌멩이를 주니 싫어하는데 꽃을 주니 좋아하고, 뱀을 주면 싫어하는데 예쁜 토끼를 주면 좋아합니다. 타잔이 제인에게 소리치면 싫어하는데 웃어주면 좋아합니다. 이런 경험을 통해 타잔은 제인의 마음을 얻어가는 것을 배웁니다. 이과정이 딥러닝입니다.

'사물인터넷(IoT)'은 세상에 존재하는 물건(무형의 물건 포함)을 서로 연결하여 새로운 기능을 제공합니다. 우리 집의 물건들이 IoT로 서로 연결되면 스마트한 집이 됩니다. 내가 집에 있지 않아도 집안의 상황을 알고 조절과 통제가 가능해집니다. 게임과 같은 가상 현실은 현실 세계에는 없는 것을 가상으로 만들어 직접 체험해 보는 것을 말합니다. 현실의 상황을 확대해서 보여주는 기술로 AR(증강현실)이 있습니다. 이는 실제 물건을 보는데, 디지털 정부가 함께 보이는 것을 말합니다. 포켓몬고 게임처럼 나는 현실에 있는데 스마트폰이나 특정 기기를 통해 어떤 정보가 보이는 것을 말합니다. 즉, 내가 있는 현실에 다른 정보가 더해져서 증강되는 것을 말합니다.

　이밖에도 우리가 알아야 할 키워들에는 클라우드, 알고리즘, 메타버스, 가상화폐, 블록체인, 핀테크, 스마트페이, NFT 등 무척 많습니다. 돌아서면 새로운 키워드들이 등장하고 있습니다. 이처럼 자본주의와 기술이 결합되면서 세상은 점점 더 많은 제품과 서비스를 소비하게끔 합니다. 그런데 이때 필연적으로 발생하는 문제가 있습니다. 바로 환경 문제입니다. 소비자들은 이제 자신의 소비 활동과 연계시켜 환경을 바라보기 시작했습니다. 그리고 대량으로 생산되고 소비되는 경제가 과연 옳은 것인지 고민하기 시작했습니다. 특히 젊은 세대(MZ세대)들은 환경 문제에 더욱 적극적입니다. 이들은 소위 착한 기업의 물건을 소비하려고 합니다. 친환경 기업의 물건을 소비하며 그렇지 않은 기업의 물건은 불매하기도 합니다. 이런 활동들이 쌓여 ESG라는 개념이 만들어졌습니다. ESG는 기업의 사회적 책임을 강조하는 새로운 개념입니다. E(Environment, 환경), S(Social, 사회), G(Governance, 지배구조)에서의 기업 역할을 강조하기 시작했습니다. 눈앞에 보이는 단기적 이익을 추구하는 것이 아니라 장기적으로 사회적 책임을 가지고서 소비자와 연대해야 살아남는 시대가 된 것입니다.

너무 거시적인 얘기만 했나요? 바로 내 옆의 생활 경제의 변화들도 살펴보겠습니다. '플랫폼'이란 키워드도 많이 들어 봤습니다. 플랫폼은 일종의 시장과 같습니다. 초기에는 한가지 이유로 사람들이 모여들었지만 사람들이 점점 많아지면서 여기에서 다양한 일들이 일어나기 시작했습니다. 카카오톡은 대한민국 대부분의 국민이 쓰고 있는 서비스입니다. 안부와 소식을 서로 주고받는 말 그대로 톡(talk)을 하던 서비스였습니다. 그런데 지금은 거대 플랫폼이라고 부릅니다. 톡만 하는 것이 아니라 일상의 모든 활동을 이곳에서 하고 있습니다. 물건을 사고, 선물을 사고, 게임을 하고, 만화를 보고, 택시를 타고, 은행 일도 볼 수 있습니다. 네이버도 마찬가지입니다. 검색 서비스를 제공하던 공간이 이제는 다양한 경제 활동을 지원하는 공간으로 바뀌었습니다. 그러면서 이런 플랫폼 공간에서 다른 사람의 신뢰를 얻는 사람들이 나타나기 시작했습니다. 바로 인플루언서(Influencer)입니다. 이들은 자신에게 모인 신뢰를 바탕으로 특정 물건을 홍보하고 판매하기 시작했습니다. 온라인으로 물건을 거래하는 것이 활발해지자 중고 상품도 하나의 거래 대상이 되었습니다. 중고물품 거래 서비스인 당근마켓은 최근 기업 가치가 1조를 넘는 유니콘 기업으로 급성장했습니다. 카카오톡만큼이나 전 국민 대부분이 쓰는 서비스가 되었습니다.

각종 플랫폼으로 점점 더 다양한 사용자가 모이고 이들을 위한 서비스들이 늘어나면서 사용자가 남기는 데이터도 점점 더 많아졌습니다. 바로 앞에서 설명드린 빅데이터입니다. 플랫폼을 운영하는 기업들은 빅데이터를 활용해 더 많은 소비를 유도하는 맞춤 서비스를 내놓습니다. 플랫폼으로는 현실의 물건만 거래되지 않습니다. 현실 세계에서는 존재하지 않는 가상의 물건도 거래되기 시작했습니다. 코로나로 인해 외부 활동을 할 수 없었던 청소년들은 땀 흘리며 뛰어노는 것 대신 온라인에서의 게임을 즐겼습니다. 온라인 게임은 단순히 게임만 하는 공간이 아닙니다. 게임 속 가상 세계에서 나의 부캐(부캐릭터) 아바타를 만들어 게임도 하고, 콘서트도 보고, 물건을 만들어 팔기도 합니다. 이런 가상세계를 메타버스(Metaverse)라고 합니다.

10대들 사이에서 인기가 높은 여자 아이돌 그룹 중에 '에스파'가 있습니다. 이들의 이름인 에스파는 Avatar(아바타)와 Experience(경험)를 결합해 만든 이름이라고 합니다. 이들의 인기곡 '넥스트 레벨' 역시 노래 제목과 가사가 메타버스를 뜻한다고 합니다. 메타버스는 젊은이들이 가상 공간에 모여서 활동하는 곳인 만큼 엔터테인먼트 회사들이 가장 발 빠르게 진입하여 선점하고 있습니다. 메타버스 세계는 스마트폰, 컴퓨터, 인터넷, 디지털 기술이 만들어낸 세상입니다. 이곳 안에서 소비와 생산이 이루어집니다. 나의 분신인 아바타가 이곳에서 경제 활동을 하고 다른 아바타들과 소통하고 교류합니다. 기업은 메타버스를 이용해 마케팅, 홍보 효과를 얻고 현실 경제로 구매를 연결하는 것이 목적입니다. 메타버스에 가장 적극적인 세대가 10대들입니다.

젊은 세대가 모인 곳에는 발빠른 기업들이 그곳으로 들어가 돈 벌 준비를 합니다. 이들이 앞으로 어떤 경제관을 갖고 부에 대해 어떤 생각을 할지가 중요한 이유이기 때문입니다. 이들은 이미 오프라인 경제와 온라인 경제를 구분하지 않습니다. 온오프의 구분이 사라지면서 자산에 대한 개념도 달라지기 시작했습니다. 현실 세계의 자산뿐만 아니라 가상 세계의 자산도 중요하게 취급되기 시작했습니다. 그러면서 디지털화폐나 NFT(Non-Fungible Token, 대체 불가능한 토큰)가 새롭게 등장했습니다. 이를 잘 알기 위해서는 블록 체인에 대한 기술 이해가 필수입니다.

숨가쁘게 말씀드린것 같습니다. 여기까지가 최근까지의 주요한 돈의 흐름입니다. 돈은 지금 이슈되는 곳들을 통로 삼아 움직입니다. 부모가 아이들에게 가르쳐야 할 것은 자신이 좋아하는 아이돌과 게임이 경제와 돈에서 어떤 의미인지 어떻게 연결되는지 알게 해주는 것입니다. 부모인 나도 잘 모르는데, 라고 생각하지 말고 부모 먼저 공부하면 됩니다.

이어지는 2부에서는 본격적으로 부모 입장에서 부의 시스템을 물려주기 위해 어떤 공부를 해야 하는지, 가장 먼저 실천해야 하는 것들은 어떤 것인지 정리해보도록 하겠습니다.

2부
엄마도 함께 준비하는 부의 시스템

⑪ 은퇴 준비 습관

은퇴 설계부터 하라, 부모가 먼저다

아이들 특히 청소년들이 있는 가정에서 가장 많이 나가는 지출 항목이 무엇일까요? 당연, 사교육비입니다. 아이들이 상급 학교로 올라가면 갈수록 사교육비는 가정 경제에 큰 부담으로 작용합니다. 한 달, 두 달, 1년, 2년, 3년 사교육에 들어간 돈을 계산해보면 입이 쩍 벌어지고 정신이 번쩍 듭니다. 그래도 부모님들은 필수 지출처럼 어쩔 수 없이 나가야 하는 비용이라 생각합니다. 하지만 지금의 만 원이 십 년 뒤에는 몇 만 원의 값어치를 합니다. 특히 청년층의 사회 지출이 어렵고 힘이 드는 요즘, 부모로서 충분한 은퇴 준비를 해놓지 않게 되면 고스란히 그 부담은 자녀에게도 이양되어 자녀가 준비하는 부의 시스템에도 악영향을 줄 수밖에 없습니다. 그래서 자녀를 위해서라도 많은 지출을 차지하는 사교육비 점검은 가장 먼저 필수적으로 해야 하는 일입니다.

큰 아이가 고등학교 진학을 앞두고 음악을 전공하겠다고 했을 때 들었던 생각은 두 가지였습니다. 하나는 우리 아이가 정말 음악적 소질이 있는가? 다른 하나는 경제적인 뒷받침을 해줄 수 있는가? 결국, 사교육비 걱정이었습니다. 아이가 자신의 진로를 고민하며 하고 싶은 것이 있다고 말하는 것은 참으로 행복한 일입니다. 무엇을 하고 싶은지 모르는 경우가 훨씬 많으니까요. 그런데도 어쩔 수 없이 현실적인 고민을 하지 않을 수 없습니다. 하고 싶은 것을 하려면 돈 문제, 경제적 문제를 해결하지 않으면 안되니까요. 아이의 고민이고 아이의 문제지만 결국 아이를 양육하는 부모의 고민이고 부모의 문제가 됩니다.

돈 문제는 부모가 해결해야 문제인 만큼 "너는 열심히 해서 좋은 성적만 내. 돈 걱정은 하지 말고" 이렇게 아이에게 이야기해야 할까요? 곧 다가올 은퇴 이후를 생각한다면 절대로 그렇게 이야기할 수 없습니다. 아이에게 가장 많은 돈이 들어가는 시기는 중고등학교 시절입니다. 이때 통상 부모의 수입이 가장 많을 때입니다. 그리고 아이가 대학생 정도가 되면 부모의 수입은 오히려 줄어드는 시기가 됩니다. 아시다시피 요즘은 퇴사 시기가 점점 빨라지는 시대입니다. 나이 50세만 넘어도 명퇴를 하는 분들이 있고 회사를 나와 작은 가게를 여는 분들도 있습니다. 이때부터는 안정적 수입이 보장되기 어렵기 때문에 경제적으로 곤란을 겪을 일이 더 많아집니다. 그래서 가장 수입이 많으면서 안정성이 보장되는 이때에(아이가 중고등학교에 다니는 때) 은퇴 설계를 미리 해놓지 않으면 안 됩니다.

사교육비는 각 가정의 살림살이 규모에 맞게 아우트라인을 정해 놓는 것이 좋습니다. 그리고 아이에게는 언제까지 어느 범위 안에서 지원되는지 솔직하게 이야기해야 합니다. 물론 아이들은 부모로부터 이런 이야기를 들어도 현실적으로 크게 와 닿지 않습니다. 하지만 말하는 것과 말하지 않는 것은 매우 큰 차이입니다. 마트에 가서 '만 원 안에서 골라봐'와 '사고 싶은 것 골라봐'라고 했을 때, 다른 선택을 하게 되는 것과 같습니다. 사람과의 관계 특히 부모와 자녀 사이에서의 돈 이야기는 관계를 불편하게 만듭니다. 청소년기 아이들은 부모의 결정 등에 반감을 표시할 수도 있습니다. 그렇기 때문에 수시로 이야기하기보다는 큰 비용이 나갈 때 가정 경제의 규모와 지출 범위를 알려주는 것이 좋습니다.

음악을 좋아하는 큰딸은 유치원 때부터 동네 피아노 학원에 다녔습니다. 그러던 어느 날 초등학교 4학년 때였습니다. 특수 악기를 배울 수 있는 방과 후 프로그램이 생겼고 악기를 배우고 싶다며 학교 가정통신문을 내밀었습니다. 방과 후 프로그램이라 교육비는 크게 부담스럽지 않았지만 악기 구입이 문제였습니다. 피아노 하나만 제대로 배워도 되는데, 굳이 다른 악기까지 구입하면서 새로운 걸 배워야 하느냐고 했지만 아이는 자신의 고집을 꺾지 않았습니다. 그렇게 시작한 것이 금관악기 '호른'이었습니다. 배울 수 있는 특수 악기 중 그나마 가격이 가장 저렴하다는 것이 승낙의 이유 중 하나였습니다. 그런데 악기의 가격만 생각했지 악기의 크기를 생각하지 못했습니다. 초등학교 4학년이 들고 다니기에 호른은 너무나 큰 사이즈였습니다. 커다란 호른 케이스를 등에 메고 학교로 가는 모습은 흡사 조선 시대 보부상이 물건 팔러 길을 나서는 것만 같았습니다. '클라리넷이나 오보에를 배웠으면 저렇게 고생하지 않았을 텐데….' 아이의 뒷모습을 볼 때마다 무지한 엄마의 선택이 아이를 힘들게 한 것 같았습니다.

그렇게 시작한 악기로 초등학교 내의 오케스트라 단원이 되었습니다. 그런데 1년쯤 지나니 처음보다 흥미와 재미가 떨어졌고 아이는 조금씩 힘들어했습니다. 악기는 한번 배우면 적어도 3~4년은 배워야 몸이 기억하지 그렇지 않으면 배우나 마나라고 하며 한번 시작한 것은 쉽게 그만둘 수 없다고 이야기했습니다. 그리고 좀 더 실력을 쌓을 수 있는 구립 오케스트라에 지원하도록 했습니다. 자신이 원해서 악기를 배웠지만 생각만큼 쉽지 않았고 꾸준히는 더욱 어렵다는 것을 알았기에 내켜 하지 않았지만 몇 번의 시험을 치른 끝에 구립 오케스트라에 입단하였습니다. 그리고 중학교에 입학했는데, 운 좋게도 교내 오케스트라가 있어 계속 연주할 기회가 생겼습니다. 학교 오케스트라와 구립 오케스트라 단원 활동을 하며 중학교 생활을 이어갔습니다. 그러다 고등학교 입학 날짜가 다가왔습니다. 고등학교에 가서도 오케스트라 단원 활동을 하기에는 시간도 부족하고, 그동안 열심히 했으니 좋은 추억과 경험으로 생각하자며 일반고 진학을 준비했습니다. 그러던 어느 날, 아이는 갑자기 음악을 전공하겠다는 선언을 했습니다. 자기가 미리 여기저기를 알아봤는데, 음악 중점 학교라는 곳이 있고 예술 고등학교에 가지 않고도 호른을 계속할 수 있다고 했습니다.

음악 전공이라는 한 번도 생각해보지 않은 아이의 진로 결정에 당혹스러웠습니다. 우리가 음악가 집안도 아니고, 아이의 수상 실적이 화려한 것도 아니고, 전공을 목적으로 호른을 배운 것도 아닌데, 하지만 아이는 단호했습니다. 스스로 음악 중점 학교로의 진학을 위해 자기소개서 등을 준비하고 있었습니다. '예술 고등학교도 아닌 일반 고등학교에서 호른을 제대로 배울 수 있을까?' '음악 중점 학교는 일반 고등학교 정규 수업을 하고 별도의 정해진 시간만 실기를 할 텐데, 수능 준비도 해야 하고 레슨도 받아야 할 텐데…' 머릿속이 복잡해졌습니다.

이런 고민과 함께 레슨, 콩쿠르 등 경제적 비용을 생각하지 않을 수 없었습니다. 주변에 음악을 전공하고 음악을 공부하는 사람들의 이야기를 들어보면 부모의 지원뿐만 아니라 조부모의 지원까지도 받는 사례가 많았습니다. 우리는 그럴 형편도 안 되고, 설사 경제적으로 풍족하다고 해도 그렇게까지 하고 싶지는 않았습니다. 경제 마인드에 대한 중심이 흔들리지 말아야 하는데 현실은 매번 흔들리고 헷갈렸습니다. '더 많은 레슨을 받고 더 많은 경제적 지원을 해주면 실력이 더 나아지지 않을까?' 하지만 그럴 때마다 드는 생각은 '정신 번쩍 들게 하는 나의 은퇴'였습니다. 아이에게 아낌없이 주는 나무가 되었다가 밑동만 남는 은퇴는 상상조차도 하기 싫었습니다. 때론 부모인 내가 너무 이기적인가 하는 생각도 들었습니다. 아이를 위해서라면 밑동만 남아도 퍼주어야 하는 거 아닐까? 하지만 자본주의를 사는 우리가 끊임없이 생각해보아야 하는 것이 바로 '은퇴 이후'라는 생각이 스쳐 갔습니다.

무대에 많이 서 보고 잘 배워야 실력이 향상된다고 주변에서 말합니다. 콩쿠르도 나가야 하고 레슨도 많이 받아야 한다고 합니다. 결국 경제적 대가를 지불해야 합니다. 그런 유혹이 있을 때마다 마음을 고쳐먹고, 돈으로 메꾸려 하지 않도록 단단히 마음을 먹었습니다. 무엇보다 우리 집 형편과 우리의 처지와 분수를 알아야 한다고 생각했습니다. 아이의 음악적 자질도 마찬가지였습니다. 자신의 처지와 상황을 객관화하지 않으면 흔들리기가 쉽습니다. 내가 해줄 수 있는 정도를 해주어야지 내 분수와 주제에 넘치는 것은 어쩌면 사랑이 아니라 집착이고 욕심이 될 수 있습니다. 그래서 아이에게 당부했습니다.

"너의 노력이 우선이야. 그리고 재수는 우리 사전에 없다. 여느 부모처럼 아이의 미래를 위해 모든 것을 아낌없이 지원할 수 있는 부모는 아니야. 너의 미래가 있는 것처럼 엄마 아빠의 노후도 생각해야 해."

처음에는 아이가 듣기 싫어했고 섭섭해했습니다. 부모의 삶도 중요하다는 것을 말해주고 싶었지만 의도와 다르게 전달되기도 했습니다. 헌신적은 사랑, 무조건적인 사랑을 해주어야 하는데 그렇지 않은 부모로 아이는 느꼈을 것입니다. 가족 간의 관계에서 돈이 개입되는 순간, 돈 이야기를 하는 순간 불편해지는 것은 사실입니다. 하지만 돈은 냉정합니다. 돈이 냉정하고 감정도 없다면 돈을 사용할 때 이성적이 되어야 합니다. 그렇지만 자녀 양육은 아이에 대한 사랑이라 냉정해지기 전에 뜨거운 가슴부터 먼저 반응합니다.

경제학자 알프레드 마샬의 유명한 말이 있습니다. "Cool Head, but Warm Heart" "차가운 머리 그러나 따뜻한 가슴" 즉, 냉정한 판단력도 중요하지만 현실의 문제를 따뜻한 시선으로 봐야 한다는 것을 말합니다. 남녀 간의 결혼은 사랑이 전제되어야 하지만 사랑만으로는 안 된다는 것을 압니다. 부모와 자녀와의 관계도 사랑이 전제되어야 합니다. 따라서 자녀교육에서도 사랑이 전제된 냉정한 이성을 갖도록 부단히 노력해야 합니다. 그렇다고 교육비를 얼마 썼는지 너를 위해 이만큼 비용을 쓰고 있다 등 일일이 따지듯이 이야기하는 것은 좋지 않습니다. 그래서 우리 집 경제 사정에서 지출이 가능한 가이드 라인을 미리 알려주는 것은 중요합니다.

아이의 진로결정을 존중하며 부모로서 해 줄 수 있는 경제적 지원의 범위를 정하고 음악 중점 일반고에 지원했습니다. 아이가 지원한 고등학교는 집에서 버스를 두 번이나 갈아타고 가야하는 곳이었습니다. 초등학교 시절 집에서 10분 거리인 학교를 호른 케이스를 메고 가는 모습이 안쓰러웠는데, 이제는 호른에 책가방까지, 앞뒤로 가방을 이고 지고 한 시간씩 되는 등굣길을 다녔습니다. 아이도 부모가 등 떠밀어 간 곳이 아니었기에 묵묵히 멀고도 먼 등굣길을 하루도 빠짐없이 매일 3년을 다녔습니다. 그럴 때마다 가슴이 반응합니다. '아이를 위해 학교 근처로 이사를 가야 하나' 아이가 힘들어하는 모습을 보고 있으면 쉬운 길로 가도록 도와주고 싶은 마음이 굴뚝같습니다. 그렇게 시간은 흘렀습니다.

드디어 고등학교 3년을 무사히 마치고 수능시험과 수시와 정시 시험을 보았습니다. 수시전형으로 응시한 학교는 다 떨어지고 마지막 정시 합격자 발표 날, 아이는 하염없이 울었습니다. 합격 바로 앞에서 탈락, 예비 1번…. 그 고생을 하고도 뜻대로 되지 않았습니다. '초4에서 고3까지 9년의 시간도 모자라다니….' 우리 사전에 재수는 없었는데, 결국 재수라는 단어를 만지작거려야 했습니다. 한마디로 계획에 차질이 생긴 것이었습니다. "재수는 우리 사전에 없다고 했는데 바로 코앞에서 떨어졌으니 한 번 더 열심히 할 기회를 주는 거야. 그러나 삼수는 안 된다. 여기서 안 되면 음악은 너의 길이 아니야. 부모로서 지원은 여기까지다. 이번에도 안 되면 악기도 팔아야 해."

냉정한 이성을 작동시켜야 했습니다. 그렇게 재수 생활을 시작했습니다. 우리 아이뿐만 아니라 수많은 음대 지원생들이 재수는 기본이요 반수, 삼수도 합니다. 그러니 경쟁률은 더더욱 치열해지며 입시 지옥을 방불케 합니다. 물론 재수, 반수, 삼수의 과정도 쉬운 결정은 아닙니다. 그런데 그 모든 과정 뒤에는 부모의 경제적 뒷받침이 반드시 필요합니다.

그런데 여기에 생각지도 않은 변수가 또 발생했습니다. 바로 코로나 19. 재수도 힘든데 코로나로 인해 여러 가지 제약이 생기면서 심리적인 압박은 더해만 갔습니다. 급기야 코로나로 인해 실기 시험을 보지 못하는 일도 생겼습니다. 몇 년 동안 하나의 목표를 위해 준비한 것을, 제대로 실력 발휘도 하지 못하는 상황이 자꾸만 생겼습니다. 시험만 제때 볼 수 있는 것조차도 다행처럼 생각되었습니다. 그러나 경쟁률은 높은데 몇 명 뽑지 않는 냉혹한 현실을 접할 때마다 부모도 아이도 착잡한 심정이 되었습니다.

재수 생활의 끝, 정시 실기 시험 마지막 학교. 호른 모집 인원 1명. '호른 모집 1명!' 과연 우리 애가 합격할 수 있을까? 아이는 악기를 메고 다시 실기 시험장으로 들어갔습니다. 입시장으로 들어가는 뒷모습을 보며 '그동안 수고 많았다. 애썼다. 애쓰고 수고한 만큼의 보상은 받았으면 좋겠다. 코로나로 혼란스러운 시기에 시험을 제때 볼 수 있는 것만으로도 감사하게 생각하자. 그래 여기까지다. 안되면 다른 길로 가면 되지 뭐!' '제발 붙어라. 제발….' '에이! 대학이 뭐 별건가. 아님 말고.' 그네 널 뛰듯 머릿속에서는 오만 생각들이 널을 뛰었습니다.

한 번 실기시험장에 들어가면 제비를 뽑아 순서를 정하니

밖에서 기다리는 부모는 아이가 언제 나올지 알 수가 없습니다. 괜히 초조하게 기다리지 말고 집으로 갈까 고민하고 있었는데 아이는 생각보다 일찍 시험을 마치고 나왔습니다. 시험을 마치고 나온 딸아이의 표정은 좋지 못했습니다. 아이의 표정을 보며 착잡한 마음으로 말을 건넸습니다. "그동안 수고했어." 잠시 정적이 흐른 후 아이는 힘겹게 한마디를 꺼냈습니다. "엄마! 미안해." 아이의 이 한마디에 '진짜 여기까지인가 보다'하며 마음을 정리해야 했습니다. '그래 음악의 길은 아닌가 보다. 또 다른 길로 들어가면 새로운 기회들이 생기겠지.' 그렇게 차차 마음을 정리해 가던 어느 날, 합격자 발표 하루 전날이었습니다. 방안에서 아이가 갑자기 비명을 질렀습니다. 아이는 방에서 뛰쳐나오며 부들부들 떨다가 다시 펄쩍펄쩍 뛰었습니다.

"합격이래, 합격" "와! 이게 무슨 일이야. 진짜? 봐, 봐…." 노안 때문인지 믿기지가 않아서인지 아이의 핸드폰 속 문자는 아무리 째려봐도 잘 보이질 않았습니다. "확대해서 보여줘봐" 두 번이고 세 번이고 보고 또 보아도 합격이었습니다. 순간 눈물이 났습니다. '대학이 뭐라고!' 했다가도 '아이가 그동안 열심히 한 것에 대한 보상은 받았으면 좋겠다' 했다가 하루에 열두 번도 생각이 바뀌는 시기였습니다. 사실 지나고 나면 별거 아닌데 말입니다.

"자! 대학도 들어갔으니 이제 알바 구해서 네 용돈은 네가 벌어야지." 합격의 기쁨도 잠시, 아이에게 알바를 구하도록 했습니다. 대학생이 되면 알바는 쉽게 구할 줄 알았는데 알바 구하기도 쉬운 일이 아닙니다. 열 군데 이상 이력서를 넣고 겨우 최저 시급의 일자리 하나를 구했습니다. 아이는 이제 슬슬 경제적 독립을 위한 시동을 걸고 있습니다.

성인이 되기까지 아이를 양육해야 하는 부모는 그 책임을 다하기 위해 항상 노력하지만 선택의 길에서 무엇이 최선인지 늘 헷갈립니다. 아이의 교육보다 부모의 노후는 더 멀리 있는 미래이니 눈앞에 있는 아이 교육에 어쩔 수 없이 더 많은 돈을 지불합니다. 그래서 이성적 판단보다는 감정적 판단이 늘 앞섭니다. 그때마다 촛불의 심지처럼 마음 한가운데에 '부모도 아이도 함께 지속가능한 경제생활을 하려면…'이라는 생각을 해야만 합니다. 아이만을 위해서도 아니고 부모만을 위해서도 아닌 모두의 행복을 위해서입니다. 행복은 한쪽의 희생만으로 이루어질 수 없습니다. 그래서 "엄마한테는 너희가 희망이고 너희가 전부야"라고 말하면 안 됩니다. 엄마도 아이도 독립적인 삶을 살 수 있도록 각자의 최선은 무엇인지 고민하고 행동해야 합니다. 정신 똑바로 차리지 않으면 무심한 세월 앞에 대책 없는 노후만 덩그러니 마주할 수 있습니다. 아이가 성인이 된 후에 우리의 노후와 마주한다면 너무 늦습니다.

노후 준비를 미리미리 일찍 하면 좋겠지만 현실은 그렇지 않습니다. 부모에겐 지금 당장 눈앞에 우리 아이들이 있으니까요. 특히 사교육비 줄이기는 쉽지 않은 일입니다. 하지만 지금은 자녀 양육이 노후의 위험이고 걸림돌이 되는 현실입니다. 따라서 아이들에게 들어가는 비용을 체크하고 우리 집의 생활 수준을 고려해 너무 무리하지 않도록 해야 합니다. 그러기 위해서는 내 소득, 내 분수, 내 처지를 객관적으로 보아야 합니다. 많이 벌려는 생각보다는 많이 나가지 않도록 하는 것이 더 중요합니다. 나중에 아이가 성인이 되어 직장을 다니며 자리를 잡으면 보상받을 수 있겠지 생각해서는 안 됩니다. 과거의 우리 부모가 살던 세상이 아닙니다. 앞으로는 자식에게 기댈 수도 없거니와 평생직장도 없습니다. 마음은 자녀에게 최고의 것, 최상의 것으로 부족함 없이 해주고 싶지만 그러기엔 부모인 우리가 너무 오래 사는 세상이 되었습니다.

과거나 지금이나 아이가 공부를 잘하면 부모의 자랑거리가 됩니다. 아이가 좋은 대학을 나와 좋은 직장을 얻고 높은 연봉을 받는다면 이것 역시 부모의 자랑거리입니다. "이 맛에 자식 키운다"라고 하면서요. 그런데 공부 잘하는 아이가 좋은 대학을 나오고 유학을 다녀오고 그리고 계속 공부를 하겠다며 대학원 진학을 하다면, 그 뒷감당은 온전히 부모의 몫입니다. 한때 우리는 물심양면 잘 키운 아이들보다 더 좋은 노후 대책은 없다고 생각했습니다. 그러나 자녀를 잘 키우는 것은 이제 더이상 은퇴 뒤의 보험이 아닙니다. 오히려 청년들 삶이 더 팍팍해진 세상입니다. 그러니 부모를 돌볼 여력은 더이상 그들로부터 나오지 않습니다.

성인인 자녀가 나이 든 부모를 책임지거나 나이 든 부모가 성인이 된 자녀를 책임지는 것이 아니라 각자의 인생을 각자가 책임져야 하는 세상입니다.

⑫ 비상금을 준비하는 습관

비상금으로 비상하라

"더이상 이렇게는 못살아!"

한바탕 언성을 높이며 남편과 싸웠습니다. 4살 된 아이는 영문도 모른 채 울고 있었습니다. 저는 아이를 달래기는커녕 바로 집을 뛰쳐나왔습니다. 싸움의 원인은 '돈'이었습니다. 그런데 생활고를 겪게 하는 돈이 아니라 남편이 벌어다 주는 치사한 돈 때문이었습니다. 남들이 보면 "뭐 그런 거로 싸워? 배부른 소리 하네" 하겠지만 각자의 삶은 주관적인 만큼, 그때의 저는 이보다 더 불행한 일은 없다고 생각했습니다.

너무나 알뜰하고 짠돌이인 남편은 돈을 잘 쓰지 않았고

자신이 벌어온 돈을 규모 있게 관리하지 못하는 아내를 한심스럽게 생각했습니다. 사치를 부리거나 대단한 지출을 한 적도 없는데, 저는 늘 억울했습니다. 하루는 동네 아울렛에서 1만 9천 원, 2만 9천 원 하는 물건들을 사고 카드 결제를 했는데 남편에게서 문자가 왔습니다. 카드 잃어버렸느냐며 누가 자꾸 카드 긁고 다닌다고…. 아이를 키우면서 집에만 있는 것도 답답한데, 몇 개월에 한 번씩 정기 행사처럼 통장을 집어 던지며 싸웠으니 농담이 농담처럼 들리지 않았던 것입니다. 그러던 차에 감정이 폭발하고 돌발 행동을 한 것이었습니다. 집안일과 아이 돌보는 일에 지쳐가고 있을 때쯤이라 모든 일들이 저를 우울하게 만들었고 아이고 남편이고 다 꼴도 보기 싫었습니다.

아파트 현관문을 나와 엘리베이터를 타려는 순간 남편이 뒤따라와 내 팔을 잡았습니다. '그럼 그렇지! 빨리 잘못했다고 빌어, 다시는 안 그러겠다고!' 이렇게 말할 거라는 제 생각은 순진한 착각이었습니다. 남편은 한 손으로 내 팔을 잡고 다른 한 손으로는 손바닥을 내보였습니다. "나가려면 신용카드 내놓고 나가!" 생각지도 못한 남편의 말에 기가 찼습니다.

"이거였어? 그럼 그렇지! 그동안 내가 쓴 돈이 얼마나 아까웠겠어?" 남편 면전에 욕을 한 바가지 해주고 싶었지만 꾹 참았습니다. 신용카드를 바닥에 내팽개치고 그대로 엘리베이터를 타고 아파트를 빠져나왔습니다. 하지만 어디로 가야 할 지 막막했습니다. '친정에 갈 수도 없고 친구를 만나자고 할 수도 없고….' 호기 있게 뛰쳐나왔지만 갈 곳이 없는 내 처지가 더 비참했습니다. 고민 끝에 오랜 시간 머물 수 있는 장소를 생각해낸 곳이 미용실과 찜질방이었습니다. '그래, 일단 미용실로 가자!' 그런데 그날 따라 손님이 없어서 생각보다 머리 손질은 일찍 끝나 버렸습니다. 그렇다면 다음 행선지는 찜질방이었습니다. 여자 전용 찜질방을 찾아 수면실에 들어가 잠을 청했습니다. 그런데 잠이 오질 않았습니다. 푹 자면 좋으련만 정신만 더 말똥말똥해졌습니다. 매번 반복되는 부부 싸움의 해결법이 없을까 한참을 고민했습니다. 그러다 남편이 벌어다 주는 월급 말고 내가 벌어다 쓸 수 있는 돈이 필요하다는 생각이 들었습니다.

"그놈의 돈! 내가 왕창 벌어서 남편 얼굴에 뿌리고 도도하게 외쳐보는 거지 뭐!" "주워! 내가 번 돈이야." 상상은 고소했지만 현실은 집을 나와 찜질방 구석에 누워있는 신세였습니다. 결혼 후 다니던 직장을 그만두고 아이 키우며 살아온 날들을 생각하니 자신감은 바닥을 치고 있었고, 일을 시작할 생각은 꿈도 꾸어지지 않았습니다. 찜질방에서 처량하게 밤을 새우고 싶지는 않았습니다. '결국 내 발로 뛰쳐나왔는데 다시 내 발로 기어들어 가야 하나?' '일보 전진을 위한 일보

후퇴다. 일단 집으로 들어가서 생각해보자.' 자존심이 상했지만 자존심이 문제가 아니라는 것을 깨달았습니다. 집으로 돌아온 이후 매일같이 생각했습니다. '어떻게 일을 시작할 수 있을까? 내가 할 수 있는 일은 무엇일까? 무엇을 해서 돈을 벌 수 있을까?'

챗바퀴 도는 일상에서 돌파구를 찾고 싶었지만 세상에 나가는 것이 두려웠습니다. 남편은 새벽부터 밤늦게까지 일하니 막상 내가 취직을 한다고 해도 육아는 고스란히 내 몫이 될 게 뻔했습니다. 치사해도 그냥 좀 참고 남편이 벌어다 주는 돈으로 이렇게 저렇게 살까 하는 생각이 하루에도 열두 번도 더 들었습니다. 그러나 그렇게 되면 또다시 싸움으로 이어지는 악순환이 될 게 불 보듯 뻔했습니다. '그렇다면 일단 사회라는 망망대해에 나가기 전 노 젖기 연습이라도 해야겠다.' 그런 마음으로 일단은 뭐라도 배워야겠다는 생각을 했습니다. 나의 전공을 연결할 수 있는 교육이나 연수에는 어떤 것이 있는지 찾아보았습니다. 안 자고 놀겠다는 아이를 밤 9시면 재우고 컴퓨터 앞에서 매일 밤 눈이 빨개지도록 검색을 했습니다.

직장을 구해도 아이 양육과 집안 살림은 모두 내 몫이 될 테니 매일 출퇴근하지 않아도 되는 직업은 뭐가 있을까? 끝말잇기처럼 꼬리에 꼬리를 무는 연관 검색을 하며 정보를 수

집했습니다. 그렇게 찾은 것이 바로 '강사'라는 직업이었습니다. 강사가 되려면 따로 배워야 할 것도 많았고 별도의 교육비도 만만치 않았습니다. 하지만 일을 시작하려면 어쩔 수가 없었습니다. 남편에게 교육을 받아야 하는 데 돈이 필요하다고 하니 남편은 펄쩍 뛰었습니다. "무슨 교육인데 돈을 주고 배워? 교육비는 또 왜 그렇게 비싸? 그거 배우면 어디서 써준데?"

돈도 못 쓰게 하고, 저축도 많이 안 한다고 뭐라하고, 뭐 좀 배우겠다고 하니 돈 들어간다고 배우지도 못하게 하고, 남편의 반응에 욱하는 성질이 부글부글 올라왔습니다. 하지만 반복된 실수를 하고 싶지는 않았습니다. 남편에게는 다른 교육을 찾았다고 하고 비용은 들지 않는다고 거짓말을 했습니다. 그리고 결혼 후 한 번도 꺼내지 않았던 나의 비상금을 세상 밖으로 꺼냈습니다. 비상금이 있다는 것이 얼마나 든든했는지 모릅니다. 비상금은 만일에 대비해 모아둔 것인데 내 교육비로 쓰는 것이 맞는지도 의문이 들었지만, 아무것도 안 하는 것보다는 뭐라도 하는 것이 낫겠다는 생각으로 비상금을 털었습니다.

몇 년 만의 외출인가? 온전히 나를 위한 시간을 갖게 되니 콧노래가 절로 나왔습니다. 친정 엄마를 호출하고 분주한 아침 출근 시간을 뚫고 교육장으로 향했습니다. 결혼 전 일상을 생각하며 출근길의 사람들을 힐긋힐긋 보니 만감이 교차했습니다. 육아라는 상자 안에 갇혀 있다 뚜껑을 열고 다시 나오니 추운 날씨 때문인지 더욱 몸이 움츠러들었습니다. 그동안 단절되었던 세상과의 조우를 어색해하며 결혼 전 가지고 있던 마이마이(미니 카세트 플레이어)를 꺼내려 가방에 손을 넣었습니다. 다들 MP3를 사용하지 요즘은 마이마이 쓰는 사람은 없다고 남편이 알려주었지만, 당당히 들고 나왔는데 어째 가방에서 꺼내지 못하고 만지작거리기만 했습니다.

'세상 돌아가는 것도 모르고 뭘 배우겠다고 나온 걸까, 그냥 따뜻한 집에서 아이랑 동화책이나 보고 있을걸. 남편이 벌어다 주는 돈 받아 쓰고 잔소리 좀 듣고 그냥 집에나 있을걸⋯.' 이런 생각이 드니 갑자기 성능은 멀쩡한데 유행이 지나도 한참 지난 마이마이가 꼭 내 처지 같다는 생각이 들었습니다.

헝클어진 마음을 안고 교육장에 도착하여 온종일 교육을 들었습니다. 그런데 하나도 지루하거나 힘들지 않았습니다. 그 시간이 너무 소중했습니다. 비상금 털어 신청한 교육이라 더욱 귀했습니다. 연수, 교육, 시연, 자원봉사, 보조 강사 등의 경험을 쌓아가며 경력 단절 여성에서 프리랜서 강사가 되어 갔습니다. 말이 좋아 프리랜서이지 보따리장수나 다름없었습니다. 수업 좀 해달라는 연락이 오면 짐 풀고 수업하고 수업 마치면 짐 챙겨서 나와야 하니 딱히 정해진 일정은 없는 직업이었습니다. 그러나 보따리장수면 어떠하리, 아이 키우면서 하기에는 딱 좋은 일이었습니다.

드디어 내가 일해서 내 돈을 벌게 되었습니다. 남편의 수입보다는 적어도 한참 적지만 돈을 벌기 시작했고 나의 일을 하게 되었다 생각하니 너무 좋았습니다. 얼마 안 되는 강사료는 아이들 과잣값 정도였지만 '내 돈 내 산'을 할 수 있게 되었으니 떨 듯이 기뻤습니다. 남편은 제가 얼마나 버는지 궁금해하지도 않았고, 용돈처럼 벌던 강사료 수입은 조금씩 늘어나기 시작했고, 남편 눈치 안 보고 생활비로도 여기저기 쓸 수 있을 정도가 되었습니다. 그런데 그렇게 몇 년을 쓰고 나니 남는 것이 하나도 없었습니다. 경제 교육 강사로서 돈을 목적 있게 모으고 목적 있게 사용할 수 있도록 저는 번 돈에 이름표를 붙이기로 했습니다. 물론 남편 모르게 다시 비상금 프로젝트도 시작했습니다.

돈을 벌고 싶었던 목적은 나도 돈을 벌 수 있다는 것을 보여주고 싶었던 거였기에 남편 앞에게 생색내기를 하나씩 실행에 옮겼습니다. 첫 번째로 골프 장비 마련 비상금 모으기, 남편은 직장 생활 때문에 어쩔 수 없이 골프를 시작해야 했는데 "골프채 내가 사주마!" 큰소리를 치며 한 세트를 장만해 주었습니다. 두 번째로 휘트니스 1년 회원권, 열심히 일하는 남편의 건강을 챙긴다는 이유로 생색내기 딱 좋은 물건이었습니다. 세 번째는 자동차, 7년 이상 우리 가족을 태우고 다녔던 가족과 같던 중고 자동차 대신 새 자동차를 사는데 제 돈을 사용했습니다. 그리고 남편 대학원 등록금 내주기, 직장을 다니면서 공부할 수 있는 MBA 과정은 등록금의 80%는 회사가 내주고 나머지 20%를 개인이 부담해야 했는데 제가 내주기로 했습니다. 남편 대학원을 부인이 보내줬다는 소리는 생색내기의 최고봉이었습니다.

그때까지는 남편에게 인정을 받기보단 잘난 척을 하고 싶었습니다. 여기까지가 남편 코를 납작하게 만들기 위한 비상금 마련이었다면 그 이후부터는 나를 위한 투자로 비상금을 다시 모으기 시작했습니다. 그렇게 몇 년이 흘렀습니다. 그러다 나를 위해 비상금을 개봉할 일이 생겼습니다. 바로 '영어 공부'였습니다.

당시 누가 저에게 취미가 뭐냐고 물어보면 영어 공부라고 말하고 싶은 마음이 간절했지만 대놓고 말하기에는 제 수준이 너무 낮았습니다. 그래서 영어를 잘하고 싶은 마음과 여행을 하고 싶은 마음을 합쳐 외국에서 현지인처럼 생활하기에 도전해보기로 했습니다. 저는 결혼 전 직장 생활을 하던 중에 휴가를 내서 유럽으로 '나홀로 배낭여행'을 다녀온 적이 있습니다. 인터넷이 나오기 전 시절입니다. 하이텔, 유니텔

등 통신 동호회에 가입하여 사람들과 소통하던 때, 배낭여행을 계획하는 사람들의 모임에서 만난 어느 여대생과 함께 영국으로 떠났습니다. 그리곤 각자 가고 싶은 일정대로 움직이고, 상황이 되면 다시 만나고 헤어지고 그렇게 나 홀로 여행을 했습니다. '와! 세상 반대편에 이런 곳이 있구나' 비행기를 경유하며 17시간이나 날라 온 유럽은 눈에 들어오는 모든 것이 신기했습니다. 배낭 하나 메고 하염없이 걸어도 꿀처럼 달콤한 시간이었습니다. 그러고서 20년이라는 시간이 지났습니다. 결혼하고 아이를 낳고 제2의 직업으로 선택한 강사로 활동하며 다시금 경제력이 생기니 다시 한 번 더 그때 생각이 간절해졌습니다. '그래, 날자 날자! 한 번 더 날아보자! 한 번 더 지구 반대편으로 날아가보자!' 아이들이 커갈수록 시간 내기가 어렵겠다는 생각이 들면서 아이들을 두고 갈 수 없다면 함께 가는 것도 좋겠다고 생각했습니다.

   미국에서 3개월을 살아 보기로 하고 열심히 돈을 모았습니다. 20년 만에 떠나는 나 홀로 배낭여행이 아닌 두 아이와 함께하는 3개월의 외국 살이. 강사니까 프리랜서니까 가능한 일이었습니다. 남편도 의외로 쿨하게 허락해주었습니다. 그 사이 영어 공부도 놓지 않고 계속 이어갔습니다. 영어책을 사고 동네 주민 센터에서 원어민 수업을 듣기도 하고 영어 커뮤니티 모임에 참여하기도 했습니다. 영어를 좋아하는 사람들과 함께하니 공감대도 형성되고 좋았습니다. 그렇게 해외 살이에 대한 꿈을 키워가던 무렵 아이들과 함께 몇 개월 동안 미국에서 살아보려고 한다는 이야기를 모임 참여자분과 함께 나눌 기회가 있었는데, 때마침 모임의 한 분이 미국에 가족이 있다며 홈스테이를 알아봐 주겠다고 했습니다. 그곳은 미국 서부 해안선의 제일 위쪽에 있는 시애틀이었습니다.

큰 아이가 중2 그리고 작은 아이가 초2이던 겨울 방학, 짐을 싸서 미국행 비행기를 탔습니다. 비상금을 모아 비행기를 타고 비상을 한 것입니다. 미국에서 현지인처럼 생활하며 미국인 할머니를 친구로 사귀는 것이 1차 목표였습니다. 라디오 방송에서 영어를 잘하는 DJ가 미국 할머니, 할아버지들은 한 이야기를 하고 또 하고 말도 느리게 하니 영어 공부에는 딱이라는 이야기를 했습니다. "그래 미국에 가서 현지인처럼 생활하고 미국 할머니 할아버지를 만나 딱 내 수준에 맞는 영어로 대화를 해보자. 가자!"

생애 첫 미국 살이. 부푼 기대감을 안고 시애틀 공항에 도착했습니다. 미국 홈스테이의 호스트는 한국인 가족이었습니다. 저는 호스트에게 미국 아줌마들을 만날 기회를 많이 만들어 달라고 했습니다. 미국에서의 첫 일정은 동네 미국 아줌마와의 새벽 조깅이었습니다. 미국 도착 이틀 뒤, 아침 6시 35분 큰 개를 끌고 나온 미국 아줌마 킴벌리와 함께 산책을 했습니다. 그렇게 우리는 가볍게 인사를 하고 보슬비가 내리는 새벽길을 걸었습니다. 그런데 킴벌리가 무슨 말을 하긴 하는데 하나도 알아듣지를 못했습니다. 그냥 따라 걷기에 바빴습니다. 저는 우산을 들고, 킴벌리는 개를 끌고, 사실 대화를 하기엔 거리가 너무 멀었습니다. 그렇게 딱 이틀 동안 새벽 조깅을 함께 하고 킴벌리는 윈터 브레이크 여행을 간다며 "굿바이!" 인사를 남기고 떠나버렸습니다.

다음은 홈스테이 호스트의 출근길을 따라나섰습니다. 백화점 향수 코너에서 선물 포장도 하며 외국인을 만날 기회를 만들었지만 이것 역시 대화로 연결되기는 어려웠습니다. 다음은 동네 도서관 'Talk Time Class'에 들어가 무료 수업 듣기를 했습니다. 아이들은 홈스테이 호스트 가족들에게 영어를 배우기로 했지만 여의치 않아 결국 윈터스쿨을 보내기로 했고, 내가 갈 수 있는 곳은 일주일에 두어 번 도서관 가는 것이 전부였습니다.

아시다시피 미국은 차량 없이는 움직이기가 쉽지 않은 곳입니다. 차 없이는 도서관 가는 일도 만만치 않았습니다. 자동차 렌트를 할까 생각도 했지만 낯설기도 하고 돈을 아낀다는 이유로 따로 렌트를 하지 않았습니다. 대신 홈스테이 호스트가 도서관에서 수업을 마친 저를 픽업 해주기로 했습니다 그런데 그만, 일이 터지고 말았습니다. 도서관에서 수업을 마친 저를 픽업하고 집으로 돌아가는 길에 교통사고가 난 것이었습니다.

한국도 아니고 미국에서, 그것도 온지 얼마 되지도 않았는데 크리스마스이브 전날 사고라니…. 다행히 호스트와 저는 크게 다치진 않았지만 차는 박살이 났습니다. 덩달아 집안 분위기도 암울해졌습니다. 홈스테이 집의 크리스마스 분위기를 망쳐 놓고 한 집에서 생활하려니 마음이 너무 불편했습니다. 눈물도 나고 슬프기도 하고, 뭐 하나 제대로 되는 일이 없다는 생각에 돈 주고 이게 무슨 고생인가 싶은 마음이 들었습니다. 미국에서 현지인처럼 살면서 생활영어를 배우고 싶었지만 계획은 수포로 돌아갔습니다. 그러다 한국에 계신 아빠가 폐렴으로 병원에 입원했다는 소식까지 들으니 더 눈물이 났습니다. 매일매일 날씨도 우울하고 몸도 힘들고 그렇게 한 달을 보냈습니다. 이러려고 돈 들여 시간 들여 미국에 온 것은 아닌데, 미국까지 왔는데 뭐라도 해야 했고 누구라도 만나서 이야기해야 한다는 생각이 들었습니다. 그러던 중 할머니들이 자주 이용한다는 체육센터가 근처에 있다는 것을 알게 되었습니다. 그곳으로 가서 이것저것 운동 프로그램을 등록했습니다.

체육센터에서 미국 아줌마들과 줌바댄스를 하고 미국 할머니들과 물속에서 아쿠아로빅도 하고 센터에서 주최한 바자회 투어도 따라다녔습니다. 운동센터에서 만난 미국 할머니 할아버지 내외의 초대를 받아 집을 방문하기도 했습니다. 자동차 없이 얼마나 걸어 다녔는지 나중에는 신발 바닥이 다 닳을 정도였습니다. 그러던 중 미국으로 이민 갔던 친구와 연락이 닿았습니다. 그동안 있었던 일들을 하소연했더니 친구는 왜 거기서 고생을 하고 있느냐며 LA로 날라오라고 했습니다.

과연 내가 아이 둘을 데리고 시애틀에서 비행기를 갈아타고 LA까지 갈 수 있을까, 또 계획에 없던 돈을 지출해도 괜찮은 건가 하는 생각으로 머릿속이 복잡했지만, 또 언제 이런 기회가 생기겠나 생각하니 없던 용기가 저절로 나왔습니다. 티켓팅을 하고 드디어 출발하기 전날, 그런데 그날 따라 작은 아이가 배가 아프다고 밤새 보챘습니다. 여행을 가야하나 말아야하나, 밤새 잠도 못 자고 고민하다 일단 떠나기로 마음을 먹고 새벽 5시가 되어 시애틀 공항으로 출발하였습니다. 그렇게 LA땅을 밟았습니다. LA에 사는 친구네 가족과 디즈니랜드도 가고 유니버설 스튜디오도 가고. 지금 생각하면 너무나 잘한 선택이었는데 그때는 왜 그렇게 계산기를 두드리며 스트레스를 받았나 싶습니다. 인생이 뜻대로 안 되는 것임은 알지만 정말 계획대로 되는 것 하나 없던 미국에서의 3개월이었습니다. 그 시간은 시행착오투성이였지만 저에게 새로운 세계로의 비상을 부추겨주었습니다.

지금까지 좀 길게 말씀드렸습니다. 재미있으셨나요? 저에게는 좌충우돌하는 모습이었지만 지금 생각해보면 소중한 추억이고 제 인생의 중요한 전환점이 되었던 이야기입니다.

좀 거창하게 말씀드려, 독자 여러분도 지금보다 더 나은 삶 혹은 다른 삶을 원한다면 내가 있는 환경과 내가 만나는 사람부터 바꿔보십시오. 그리고 그 시작은 비상금을 모으는 것에서부터 시작합니다. 비상금은 명품을 사는 데에만 필요한 것이 아닙니다. 비상금을 모으며 새롭게 시작할 것들을 생각해보면 좋겠습니다. 배우고 싶은 것을 배워도 좋습니다. 그렇게 하나, 둘 실행하다 보면 생각지도 못한 기회들이 생깁니다.

사고 싶고, 하고 싶은 것을 위해 돈의 이름표를 달고 비상하는 습관을 들여 보세요. 비상(飛上)하기 위해서 비상(非常)금이 필요합니다. 가족과 나를 위해 그리고 누군가를 위해 돈을 사용해보세요. 쉿! 비상금 모으는 것은 아무도 모르게 하셔야 합니다. 나만 알고 있는 돈이어야 합니다.

💬 전업주부, 경력 단절에서 직업을 갖는 방법

1. 1년 동안 매일 3천 원씩 저축하여 백만 원의 비상금을 마련한다. (자기계발비 마련)
2. 비상금이 모이는 동안 배우고 싶은 것, 내 적성, 원하는 직업을 검색해본다. (여성가족부, 고용노동부, 여성인력개발센터, 50플러스센터, 국가평생학습

포털, 서울시평생학습포털, 경기도평생학습포털 등등)

3. 원하는 직업과 교육 정보를 찾아서 무료 교육이나 영상, 책을 통해 먼저 익혀본다. 그리고 수익화로 전환하는 것을 고려한다면 좀 더 고급 정보를 익힐 수 있는 유료 교육도 적극 검토한다.

4. 원하는 직업과 적성이 맞다고 생각하면 자원봉사 할 방법을 찾아 경력을 만든다.

5. 공부의 과정을 SNS에 꾸준히 기록한다.

6. 1년 동안 꾸준히 활동하고 모인 비상금 100만 원을 자신을 위해 사용한다. (예: 노트북 구입, 카메라 구입, 유료 강좌 신청, 정장 구입 등)

⑬
벤치마킹 습관
롤모델을 찾아 따라하라

　강사로서 처음 하는 수업, 초등학교 한 학년을 대상으로 한 시간 방송 수업이 특강으로 잡혔습니다. 첫 수업이 방송으로 진행하는 것이라 다행으로 생각했습니다. 컴퓨터 앞에서 하는 수업인 만큼 덜 떨릴거라 생각했습니다. 한 번도 상상해 보지 못했던 일이 직업이 되는 순간이었습니다.

　초등학교의 수업은 40분입니다. 담당 선생님을 만나고 학교 방송실에 자리 잡고 앉았습니다. 수업 내용을 적어 온 수첩을 앞에 두고 당당해지려 했지만 쉽지만은 않았습니다. 시작종이 울렸고 화면에 교안을 띄워 수업을 시작했습니다. 수업 내내 무슨 말을 했는지 정신없이 한참을 떠들었던 것 같습니다. 준비한 수업 내용을 다 마치며 정리 멘트와 함께 인사를 하고 시계를 보니, 아뿔싸 20분밖에 지나지 않았습니다. 순간 저는 얼굴이 빨개졌습니다. 그리고는 담당 선생님 눈도 못 마주치고는 부리나케 학교를 빠져나왔습니다. 기억하기도 싫은 저의 첫 수업은 이렇게 망친 수업이었습니다. 너무 늦었지만 지금이라도 심심한 사과의 마음을 그 학교에 전하고 싶습니다.

시작은 이처럼 미숙하고 실수투성이였지만 한 번, 두 번 그리고 열 번, 스무 번으로 이어지면서 경험이 쌓이고 차차 수업에도 익숙해져 갔습니다. 청소년을 대상으로 하는 수업은 아이들이 원해서 듣는 수업이 아닙니다. 주로 학교의 요청이나 학부모님들에 의해 만들어지는 수업입니다. 그래서 아이들은 수동적으로 듣습니다. 그렇다 보니 어떻게 하면 아이들의 관심을 끌고 잘 듣게 할지가 중요합니다. 그러다 쉽고 재미있었다는 피드백을 받는 날이면 더욱더 잘하고 싶은 마음도 샘솟습니다.

남편 눈치 보지 않고 내가 번 돈 내 마음대로 쓰겠다는 단순한 이유로 시작한 경제 교육 강사 생활이지만 어느 순간부터 더 잘하고 싶고 더 좋은 강의를 하고 싶다는 열정이 싹트기 시작했습니다. 그러면서 경제 관련 책과 뉴스는 물론이고 기타 여러 지식들을 공부하며 강의를 더 잘하는 방법에 대해 고민하기 시작했습니다. 사실 마이크를 잡고 청중 앞에 서게 되면 의외로 한 발 떼기가 쉽지 않습니다. 마치 누가 나를 묶어 놓은 것처럼 서 있는 자리에서 팔을 들어 올리는 것조차도 쉽지 않습니다. 의욕은 충만하지만 의욕만큼 몸이 따라주지 않을 때도 있습니다. 그리고 제가 하는 강의는 표준 교안이 있다 보니 늘 내용이 비슷합니다. 비슷한 내용을 반복적으로 하다 보니 경력은 쌓이는데 뭔가 발전이 없는 것 같다는 생각이 들고, 점점 더 처음의 긴장감은 사라지고 매너리즘이 고개를 들기 시작했습니다. 직접적인 생계 도구가 아니다 보니 이거 아니면 안 된다는 절박감도 일어나지 않았습니다.

내 콘텐츠가 있어야 하고 더욱 다양한 대상을 만나야 나의 실력도 함께 늘어날 것 같다는 생각이 들었습니다. 그러면서 어떻게 하면 학교를 벗어나 좀 더 큰 곳에서 강사로 성장할 수 있을까를 고민하기 시작했습니다. 그러던 중 큰 아이(초등 2학년 때)가 자신의 이야기를 미술 선생님과 나누고 그 내용으로 그림책을 만드는 수업을 들은 일이 있었습니다. 수업 결과물로 만든 책 제목이 '동생은 따라쟁이'였습니다. 언니가 하는 것은 뭐든지 따라 하는 동생을 보고 쓴 그림책이었습니다. 책꽂이에 꽂혀 있는 아이의 책을 보다 문득 김미경 강사를 떠올렸습니다.

"그래! 김미경 강사를 벤치마킹해야겠다."

나이는 나보다 조금 더 많고 성씨도 같고 나와 같은 아줌마라는 공통점이 친근하게 느껴졌습니다. 재미있는 에피소드를 가지고서 동네 아줌마들을 모아 놓고 수다 떠는 느낌으로 말하는 게 굉장히 편안하고 자연스러워 보였습니다. 게다가 뭔가 청중을 이끄는 힘이 있었습니다. 사람들과 눈을 마주치고 강약을 조절해서 말하고 그러면서 마치 들었나 났다 하는 식으로 청중들의 혼을 빼놓는 강의를 했습니다. '저 힘은 어디서 나오는 걸까?'를 생각하기 시작했습니다.

자연스레 김미경 강사의 따라쟁이가 되어보자는 생각을 했습니다. 그리고는 도서관에 가서 그녀가 쓴 책을 읽기 시작했습니다. 책이 술술 읽혔습니다. 문득 나도 책을 써야겠다는 생각이 들었습니다. 강사들이라면 누구나 책을 쓰고 싶은 로망이 있습니다. 하지만 도전해본 분들은 알겠지만 책을 쓰는 일이 말처럼 쉬운 일은 절대 아닙니다. 그래서 다들 막연한 로망으로만 갖고 있습니다. 저는 책 쓰기를 생각하며 다이어리에 일기 쓰기부터 시작해 보았습니다. 하지만 쓰다가 말다가, 별다른 진전을 만들지는 못했습니다. 그러던 어느 날 단체 채팅방에서 책 쓰기 특강 정보를 보았습니다. 그리고 책 쓰기의 막연함을 구체화하려면 일단 강의부터 들어야겠다고 생각을 했습니다. 특강 수업 시간이 저녁이고 추운 겨울이라

집 밖을 나가기는 싫었지만 귀찮은 마음을 물리치고 수업을 들었습니다.

책 쓰기에 대한 마음에 불을 지피는 강의였지만, 결국은 유료 강의를 신청하라는 거였습니다. 다시 유료로 돈을 내고 무언가 배우려고 하니 선뜻 내키지가 않았습니다. 하지만 비상금이 있으니 마음만 먹으면 할 수 있고, 강의를 듣고도 책을 내지 못한다면 적어도 글쓰기 능력은 향상되겠지, 하는 생각을 했습니다. 그래서 거침없이 등록을 감행했습니다. 하지만 책 쓰기는 마음처럼 쉽지가 않았습니다.

같이 수업을 듣고 있는 분들은 모두가 눈물 없이는 들을 수 없는 파란만장한 삶의 주인공이었습니다. 충분히 책 쓰기의 소재가 되는 삶을 살아가는 분들이었습니다. 그런데 저는 그런 인생 역경이 없다 보니 책 쓰기의 방향을 잡지 못하고 썼다가 지우는 과정만 반복하고 있었습니다. '어려서부터 그렇게 책을 좋아하지도 않았고, 많이 읽지도 않았는데…, 처음부터 무리였어.' '내가 왜 굳이 책을 쓰려고 했지?' 이렇게 고민과 질문을 반복하다 보면 책 쓰기는 다시금 원점으로 돌아가 있었습니다. '일단 시작했으면 중간에 힘들어도 굳이 왜, 라는 질문은 하지 말자, 처음 정한 목표를 믿고 그냥 가기로 하자.' 그렇게 생각하며 다시 마음을 다잡았습니다. 질문하는 순간 방향을 잃는다고 생각했습니다.

그래도 매일 메모하는 습관을 가지고 있었기에 TV를 보거나 책을 보거나 누구와 이야기할 때 책에 쓸 내용이 머릿속에 떠오르면 어떻게 연결할 수 있을지 고민하며 메모장을 채워갔습니다. 그리고 '일기를 길게 쓰자'라고 생각하고는 매일의 일상을 무조건 적어보기도 했습니다. 그리고 키워드를 중심으로 검색하고 챕터별로 마감 날짜를 정해 글을 써보기도 했습니다. 그렇게 너무 길지도 너무 빠듯하지도 않게 마감 기한을 정하고 글을 쓰다 보니 스피드하게 글이 나오기 시작했습니다. 그리고는 입방정을 떨었습니다. "나 책 쓸 거야! 책 낼 거야. 내년에 책 나올 거야." 여기저기 떠벌리고 다녔습니다. 말에는 힘이 있다는 것을 압니다. 이렇게 말해 놓고 실행하지 못하면 실없는 사람이 될 수밖에 없기 때문에 부단히 노력하지 않을 수 없습니다.

그렇게 해서 나온 저의 첫 번째 책이 『용돈 교육의 마법』입니다. 이렇게 저렇게 몇 번을 뒤집어 가며 힘들게 나온 책이었습니다. 중간에 포기하고 싶고 다시는 책을 쓰지 않겠노라 다짐을 하기도 했습니다. 엄마가 아이를 고통 속에서 낳은 다음 다시는 아이를 갖지 않을 거야, 라고 하는 것처럼 말이죠. 아이를 낳은 것처럼 애증의 힘으로 책이 나왔으니 어쨌거나 열심히 홍보하고 다녀야겠다고 꿈에 부풀었습니다. 그런데 너무 많은 에너지를 소모했는지 여기저기 몸이 아프기 시작했습니다.

책을 내고 얼마 안 된 어느 날 시야가 뿌옇게 흐려져 보이는 일이 발생했습니다. 결막염이나 흔한 눈병인 줄 알았는데 동네 안과에서 큰 병원으로 가보라고 했습니다. 그렇게 이 병원, 저 병원을 다닌 끝에 알게 된 병 명이 '포도막염'이었습니다. 처음 들어본 이름이었습니다. 포도막염은 안구 안쪽에 염증이 생기는 병인데, 여러 가지 원인이 있겠지만 구체적인 원인은 알 수 없고 면역력이 떨어지면 생길 수 있는 병이라고 했습니다. 증상이 심해지면 시력 저하, 통증, 출혈 등의 증상이 나타나며 실명도 할 수 있다고 했습니다. 생에 첫 책이 나와 여기저기 홍보도 하고 열의에 가득 차 있는 상태였는데 책이고 뭐고 시력을 잃을 수 있다니, 날벼락 같은 소식이었습니다.

우울한 날들의 연속이었습니다. '무언가 얻는 것이 있으면 잃는 것이 있구나 그것도 너무나 소중한 건강을 잃다니…' 새삼 눈의 소중함을 절실히 느끼는 시간이었습니다. 그리고는 책을 다시 쓸 기회도 없겠지만 다시는 책을 쓰지 않으리라 생각했습니다. 그렇게 치료에 전염하고 일상을 이어가던 어느 날이었습니다. 한 통의 전화가 왔습니다. 청소년을 위한 경제 책을 써주면 어떻겠냐는 출판사의 제안 전화였습니다. 첫 책을 낼 때는 여기저기 출판사에 기획서를 보내고, 제발 제 책 좀 출판해주세요 했는데, 이제는 출판사에서 반대로 책을 써 달라고 제의가 오다니 생각지도 못한 일이었습니다. 건강을 생각하면 다시 책을 쓰고 싶지 않았지만, 나에게 굴러온 기회는 반드시 잡아야 한다고 생각했습니다. 출간 제안이 올 정도로 첫 책을 인정받았다는 생각도 들어 순순히 승낙하고 말았습니다.

아이를 낳고 다시는 아이를 안 낳을 거야 하다가 다시 둘째를 갖는 것처럼 두 번째 책을 쓰기 시작했습니다. 물론 눈 관리, 건강 관리를 좀 더 신경 써야겠다고 생각했습니다. 그렇게 새로운 기회들이 찾아오는 것이 얼떨떨했습니다. 두 번째 책은 첫 번째 책보다 훨씬 쓰기가 수월했습니다. 뭐든지 처음이 힘들다는 것을 다시금 깨닫는 순간이었습니다. 내 인생에 책, 독서, 출판, 작가라는 단어가 붙을 줄은 상상도 한 적이 없고 꿈도 꿔본 적이 없는데, 너무나도 놀라운 일들이 동시에 벌어지고 있었습니다. 누구나 할 수 있는 일인데 시작을 하지 않아 엄두를 내지 못했구나 하는 생각도 들었습니다. 그래서 그 이후로는 다른 강사 선생님들께 죽이 되든 밥이 되든 책 쓰기를 시작해보라고 말씀드리고 있습니다. 아무튼 김미경 강사를 벤치마킹한 덕분에 한 번도 상상하지 않았던 첫 책을 쓸 수 있었고 지금까지 세 권의 책을 쓰는 원동력이 되었습니다.

두 번째 원고를 마무리해 출판사에 넘긴 사이 코로나라는 전염병이 세상을 뒤덮었습니다. 책을 쓰고 도약할 기회가 올 줄 알았는데 강의는 모두 취소되고 남는 것은 시간뿐인 프리랜서가 되었습니다. 그때 나의 롤모델인 김미경 강사의 유튜브를 보기 시작했습니다. 이미 백만이라는(지금은 150만) 엄청난 구독자를 갖고 있었고 매주 한 건 정도의 동영상이 올라오고, 업데이트되자마자 많은 사람들이 시청하고 있었습니다. 강의하느라 바쁘게 보내면서 한 번도 생각해보지 않은 유튜브 채널, 이번에도 따라쟁이의 기질이 살아났습니다. 그리고 백만 구독자라는 그녀의 팬덤에 대해서도 생각해보았습니다. 그녀를 지지하는 탄탄한 팬덤은 그녀가 무엇을 하든 지지하며 그녀에게 응원을 보내고 있었습니다. 나도 오랫동안 강의 생활을 했는데, 나는 왜 저런 걸 생각하지 못했을까 하는 질문이 올라왔습니다. 그리고는 늦었다고 생각할 때가 가장 빠른 때라는 생각이 들었습니다. "일단 또 해보는 거지 뭐! 놀면 뭐해!"를 외쳤습니다. 그러면서 저도 유튜브 계정을 만들고 덩달아 인스타그램 계정도 만들었습니다. 세상의 흐름을 읽고 변화의 파도를 타기 시작한 셈이었습니다.

제 유튜브 채널 이름은 '오기쌤'입니다. 오기쌤으로 지은 이유는 치사한 돈 때문에 오기가 생겨서 강사 활동을 시작했고, 제 이름인 영옥을 연음하여 '오기'로 부르면 쉽게 기억할 것 같아서였습니다. 그리고 지속가능한 경제생활을 위해서는 다섯 가지(잘 벌기, 잘 쓰기, 잘 모으기, 잘 불리기, 잘 나누기)가 필요하다고도 말하고 싶었습니다.

채널이 주목을 받으려면 많은 시간이 필요하고 그 과정이 힘들다는 것을 각오하고는 있었지만 늘지 않는 구독자와 영상 조회수를 보고 있자면 한숨이 나왔습니다. 우리 집 아이들도 그리고 남편도 유튜브는 재미있어야 하고 뭔가 혹하는 게 있어야 한다고 하는데 제 채널에는 그런 게 없다며 혹평을 하기 시작했습니다. 자신이 말하고 싶은 것을 말하는 채널이 아니라 사람들이 듣고 싶어 하는 것을 알려주는 채널이어야 한다는 것, 시선을 끌 만한 무언가가 있어야 한다는 것, 잘 알지만 처음인 만큼 일단은 성실하게 꾸준히 그리고 내가 지치지 말아야 한다고 생각했습니다. 적어도 2년은 꾸준하고 성실하게 그리고 남에게 도움도 주지만 내 실력도 쌓을 수 있는 기회가 되어야 한다고 생각했습니다. 그래서 사람들이 많이 보지 않더라도 매주 한 개의 영상 올리기를 법칙처럼 생각하고 꾸준히 올리기 시작했습니다.

그 사이 지상파 방송국에서 취재를 오는 등 여러 가지 좋은 일들도 있었지만 여전히 제 채널은 현재까지도 평범한 수준에 머물고 있습니다. 영상은 아무리 짧다고 해도 기획하고 편집하는 데 많은 시간이 듭니다. 무엇보다 눈의 피로감이 큽니다. 그래서 지금은 1분짜리 짧은 영상을 올리는 데 집중하고 있습니다.

김미경 강사가 독수리라면 저는 병아리 수준인데 부러움과 동시에 가끔은 묘한 경쟁심이 생기기도 합니다. 몇 년 전, 김미경 강사는 미국 순회강연을 했습니다. 같은 강사로서 너무나 부러웠습니다. 미국에 사는 친구에게 나도 김미경 강사처럼 미국을 순회하며 영어로 강의하고 싶다고 말 한 적이 있습니다. 때마침 친구가 살던 지역으로도 김미경 강사의 강의가 있어 꼭 한번 들어보고 어떤지를 이야기해달라고 부탁했습니다. 친구는 강의를 듣고 와서는 저에게 전화해서 이렇게 말했습니다.

"영옥아! 너는 안 되겠더라." "어? 뭐가 안 돼?" "강의를 들어봤는데 삶이 아주 파란만장해. 아주 다이나믹 하더라고…. 근데 너는 그런 게 없잖아. 큰 고생 없이 살고 있으니 김미경 강사 따라가려면 안 되겠던데." 제가 김미경 선생을 롤모델로 삼고 있다는 걸 잘 알고 있는 친구가 저에게 해준 말입니다. '아니야! 네가 몰라서 그래. 나도 나름 파란만장한데. 나도 다이나믹한 삶을 살고 있어'라고 말하고 싶었지만 친구의 말이 틀린 말은 아니었습니다.

얼마나 많은 사람들이 힘들게 고생을 하고, 그 위치에 오른 것인지 잘 알고 있습니다. 저는 파란만장한 삶의 스토리도 없고 유명하고 대단한 스타 강사도 아닙니다. 엄청나게 돈을 번 부자도 아닙니다. 세상이 말하는 성공한 삶의 모델도 아닙니다. 그저 저와 비슷한 분들에게 동기 부여를 해주고, 나만의 기준을 가지고 자족할 줄 아는 부자를 꿈 꿉니다. 꿈을 꾼다는 것과 꿈을 갖는다는 것은 나를 사랑하는 방법이며 남을 사랑하는 방법입니다. 저는 저의 롤모델인 김미경 강사처럼 제 일을 열심히 하며 성실하게 성장하고자 합니다. 벤치마킹을 하되 자족할 수 있는 자신의 기준을 마련하고, 꿈을 꾸고 꿈을 이루는 과정이 반드시 세상이 말하는 성공과 똑같을 필요는 없다는 것. 제가 알고 있는 돈부자나 마음부자도 모두 이와 같다고 생각합니다.

코로나라는 펜데믹 기간 동안 집에서 영어 공부를 하고, 강의 준비를 하고, 경제 신문을 보고, 책을 읽고, 유튜브 영상을 찍었습니다. 이런 제 모습을 매일같이 보던 작은 아이가 하루는 저에게 이렇게 물었습니다. "엄마! 왜 그렇게 열심히 살아?" 저를 아는 친구나 저를 아는 가족들도 왜 그렇게 열심히 사느냐고 물어봅니다. 여기저기 아픈 곳이 많아지는 나이지만 사랑하는 가족이 있고 비범하지는 않지만 강의를 할 수 있는 재능이 있다면 꿈꾸고 성장하며 더 나은 삶을 살아보려는 노력을 해야 하다고 생각합니다. 그렇지 않으면 직무유기입니다. 나의 가치를 발견하고 발견한 것들을 남들에게도 알려주고 동기부여를 주며 더 나은 삶을 살 수 있도록 돕는 것, 이것이 나의 미션이고 부자가 되는 법이라고 생각합니다. 타고난 재능은 없어도 내가 나를 사랑하며 나의 가치를 재발견하는 과정에서 저는 더욱 성장할 것입니다.

스스로를 사랑하고 싶고 다른 이의 성장을 돕고 싶다면 부단히 배우고 실행하는 과정을 거쳐야 합니다. 이때 자신이 되고 싶은 사람을 찾아 롤모델로 정하고 그 사람을 따라 하다 보면 좀 더 쉽고 빠르게 다가갈 수 있습니다. 저에게는 김미경 강사가 그런 존재였습니다. 물론 이 과정에서의 시행착오는 반드시 각오해야 합니다. 모두 따라 한다고 모두가 스타강사가 되는 법은 없으니까요. 저는 오늘도 기쁜 마음으로 이 과정을 즐기고 있습니다.

⑭
돈을 새롭게 생각하는 습관

돈을 다시 생각하라

　신혼 초, 아파트에서 분리수거 하는 날이면 남편은 저를 못마땅해했습니다. "왜 빈 병을 버려? 슈퍼마켓에 갖다 주면 50원을 받을 수 있는데." 당시에는 일주일에 하루 정해진 날, 빈 병을 슈퍼마켓에 가져다주면 돈으로 바꿀 수가 있었습니다. 하지만 알뜰시 살뜰구에 사는 짠돌군의 잔소리는 제게 아껴야지 하는 생각보다 반감부터 들게 했습니다.

　그래도 유유상종이 되어 가는지 저도 알뜰살뜰 남들보다 조금 더 절약하며 살았습니다. 친구들보다 늦게 결혼한 저는 당연히 아이 출산도 늦었습니다. 친구들의 아이가 크면 작아진 옷들을 얻어다가 딸아이에게 입혔습니다. 애들은 금방 크는데 아이 용품을 굳이 비싼 물건을 살 필요가 없다고 생각했습니다. 이렇게 한 푼, 두 푼 아끼는 스스로의 노력을 대견하게 생각하기도 했습니다. 백화점이나 아울렛에 가면 맘에 드는 예쁜 옷을 사려고 해도 좀처럼 지갑은 열리지 않았고 봄, 가을에 열리는 바자회나 벼룩시장에서는 지갑이 쉽게 열렸습니다. 그리고 그곳에서 필요로 하는 물건을 잘 찾아내는 노하우가 생겨 '바자회의 신'이 되기도 했습니다. 그렇게 구한 물건들을 "이거 얼마 주고 샀게?" "이거 천 원 주고 산 건데 괜찮지? 그리고 이거 메이커 제품이야" 돌밭에서 보석이라도 주운 것처럼 신나하며 자랑하곤 했습니다. 그렇게 몇 년을 중고 물건을 사다 나르다 보니 어느 순간에는 지지리 궁상 같다는 생각도 들었습니다. 그럼에도 아끼고 절약하는 것을 기본이라고 생각하며 살았습니다.

저는 남들 다 아는 명품 이름도 잘 모릅니다. 사실 명품에 별 관심이 없습니다. 몇 년 전 남편이 프랑스로 출장을 다녀왔는데, 남편의 성격을 잘 알기에 기념품은 기대하지도 않았습니다. 그런데 웬일로 선물이라며 쇼핑백 하나를 건넸습니다. 꺼내 보니 스카프였습니다. 남편이 돈을 안 써서 그렇지 물건 보는 감각은 꽤 있는 편입니다. 스카프 색상을 보니 세련되고 마음에 쏙 들었습니다. 그런데 작은딸이 스카프를 보더니 "어! 아빠, 이거 뭐야? 손수건이야? 수건돌리기 하자" 남편은 딸아이의 말에 기가 막혀하면서 저에게 핀잔을 주었습니다. "당신은 이 스카프가 어디 건지나 알아?" "어디 건데? 이게 뭐라고 쓰여 있는 거지? 베르⋯." "이런 무식하긴⋯." 큰 맘 먹고 사왔더니 아이는 수건돌리기를 하자고 하질 않나 와이프는 유명 상표 이름도 제대로 모르질 않나, 남편은 자신이 왜 사왔는지 모르겠다며 한숨을 내쉬었습니다.

"이런 걸 사 봤어야 말이지. 당신 말이야! 내가 명품에 관심 없는 걸 고맙게 생각해야 돼. 지난번에 큰 애가 공항 면세점 명품 매장을 지나가면서 엄마 저건 어떻게 읽어? 구씨? 그러더라. 내가 그런 물건 안 사니까 애들도 모르는 거야. 안 그래?"

제가 명품도 모르고 중고용품만 사다 나르며 알뜰하다고 해도 남편에 비하면 새 발의 피입니다. 산을 좋아하는 남편은 오래된 버너와 코펠, 배낭 딱 이 정도가 등산 장비의 전부입니다. 외국인들이 보면 한국 사람들은 동네 뒷산을 오를 때도 에베레스트 등정에 나서는 것처럼 각종 장비와 기능성 옷으로 무장해서 놀란다고 하는데, 반대로 저의 남편을 보고도 놀랄 것입니다. 닳고 닳은 등산화에 여름에는 반바지 그리고 티셔츠를 입는데 매주 똑같은 차림으로 등산을 다닙니다. 남편은 단풍보다 더 화려한 형형색색 등산복을 장착한 사람들이 사계절 산을 물들이고 다녀도 전혀 신경도 쓰지 않거니와 등산용품 구입 같은 거에는 1도 관심이 없습니다.

그런 남편이 하루는 캠핑을 가자고 제안했습니다. 캠핑 장비를 사서 캠핑을 해보고 싶다는 것이었습니다. 짠돌이 남편이 분명 싸고 허접한 것들로 장비를 채울 것이 분명해 보여 안된다고 했더니, 그럼 작은 텐트가 하나 있는데 일단 가보자고 했습니다. 예약도 안 하고 갈 곳을 정하지도 않고 무작정 떠나자고 하니 내키지 않았습니다. 남편은 작은딸과 쿵짝이 맞아 신나게 일사천리로 준비를 하고, 큰딸과 저는 자포자기의 마음으로 함께 차에 올랐습니다.

그렇게 캠핑장에 도착했습니다. 남편은 차 트렁크에서 제가 한 번도 보지 못한 텐트를 꺼냈습니다. 텐트를 여는 순간 여기저기 곰팡이 꽃이 피어 있었습니다. 남편은 대수롭지 않은 듯 텐트를 폈습니다. 아니, 이런 걸 도대체 어디서 얼마 주고 산 거냐고 물으니 4만 원 주고 샀다며, 4만 원어치만 쓰면 된다고…. 역시나 제 남편이었습니다. 텐트 치는 걸 보고 있을 수만은 없어 거드는 척하며 주변을 둘러보았습니다. 최신형 대형 텐트와 야외용 테이블과 의자는 기본이고, 흡사 주방을 옮겨온 듯한 물건들로 가득했습니다. 그들과 비교도 안 되는 허접하기 이를 데 없는 우리 텐트도 우습고, 그걸 설치하고 있는 저희 모습도 우스웠습니다. 아니 아주 그냥 거지 같았습니다. 그래도 여기까지는 괜찮았습니다. 해수욕장 근처라 그런지 바닷바람이 거셌습니다. 남편과 작은 아이가 고기랑 이것저것 먹을거리를 사러 간 사이, 바람이 더 심해지더니 텐트가 너무 심하게 흔들려 곧 무너질 것 같았습니다. 넘어지지 않도록 이쪽, 저쪽으로 큰딸과 제가 버티면서 남편이 오기만을 기다렸습니다. 그런데 엎친 데 덮친 격, 비가 한두 방울씩 떨어지더니 주위는 금세 어두워지기 시작했습니다. 텐트 안에 있던 큰딸은 아빠가 없는 사이 불평을 늘어놓기 시작했습니다. "이게 뭐야! 왜 사서 고생이야. 짜증 나! 집에 가고 싶어."

한참 후에 장을 보고 온 남편과 작은딸은 비가 오고 바람이 불고 앞이 잘 보이지 않는 데도 고기 구울 준비에 분주했습니다. 큰딸과 저는 난감한 표정을 지으면서도 아빠의 성격을 잘 알기에 고기 구울 준비를 도우며 비나 왕창 와서 철수했으면 좋겠다는 마음을 키우고 있었습니다. 정말이지 고기고 뭐고 구질구질한 상황이 너무 싫었습니다. 그러던 차에 아뿔싸! 텐트 한쪽이 무너지기 시작했습니다. 다른 집 텐트들은 '아기돼지 삼 형제'에 나오는 벽돌로 지은 집처럼 멋지고 튼튼했는데, 우리 텐트는 늑대의 입김 한 방에 무너지는 모래 위 집처럼 바람 한 번에 힘없이 주저앉아 버린 거였습니다

무너져 버린 텐트 안에서 몸으로 지탱하려니 뭐 이런 경

우가 다 있나 싶기도 하고, 우왕좌왕하다가 텐트 바닥에 있던 선글라스가 깨지고, 갑자기 저 밑에 있던 화가 올라오기 시작했습니다. 그 와중에도 남편은 고기를 굽고자 필사적으로 노력하더니 바람 때문에 고기가 제대로 익지 않으니 급기야 무릎을 꿇고 땅을 파기 시작했습니다. 남편은 한번 하겠다고 하면 절대 굽히지 않는 성격입니다. 고기까지 사왔는데 여기서 멈출 수 없다고 생각한 게 분명했습니다. 그리고는 어디서 벽돌 두 개를 구해오더니 땅을 판 구덩이 양옆으로 놓고 임시 화덕을 만들었습니다. 그리고는 구공탄과 종이를 넣고 불을 피웠습니다. 남편의 노력에 반응이라도 하듯 불길이 활활 타올랐습니다. 텐트 바로 옆에서 불을 피우니 텐트로 불이 옮겨 붙을까 큰딸과 저는 기겁했지만, 남편은 끝끝내 바람과 모래가 날리는 상황에서도 고기를 구웠습니다.

제대로 익은 건지 아닌지, 바람에 날아온 모래까지 묻은 고기를 먹고 있으니, 이거 참, 소리치며 화내고 싶었지만 참고 또 참았습니다. 다행히 남편은 점점 지쳐갔고 철수를 선언하고야 말았습니다. '아, 얼마나 기다렸던 말인가?' 말이 떨어지기 무섭게 일사천리 짐을 챙겨 캠핑장을 빠져나왔습니다. 앞으로는 캠핑의 캠 자도 꺼내지 말라고 했습니다.

좀 길게 얘기했습니다만, 이 에피소드 하나만 봐도 우리 남편이 어떤 사람인지 잘 아실 것 같습니다. 이렇게 20년을 살아왔으니 남편 덕분에(?) 돈 낭비는 하지 않고 무탈하게 살아왔겠죠. 이왕 흉(?) 본 김에 에피소드 하나만 더 꺼내놓겠습니다.

남편과 시동생은 의좋은 형제입니다. 시동생은 형의 말에 항상 불평 없이 잘 따랐고, 둘 사이에 다투는 것을 본 적이 없을 정도로 우애가 좋습니다. 의좋은 형제는 차도 함께 사용했습니다. 둘 사이에는 누구 차인지는 중요하지가 않았습니다. 저는 중간에서 분란을 일으키기 싫어 시동생이 결혼할 때까지 기다렸습니다. 드디어 시동생이 결혼했지만 저의 기대는 물거품이 되었습니다. 차는 이제 4명 모두의 차가 된 것입니다. 상상이나 가십니까? 오래된 중고차(저는 한때 똥차라 부름) 한 대를 두 집이 함께 사용하는 모습을. 사는 집도 근처라 시동생 부부가 차를 사용하고 나면 대기 번호표 뽑듯 기다렸다가 남편이 차를 가지고 와서 사용하고. 이렇게 몇 년을 살았습니다. 그렇게 하다 아이가 생기고 나서야 중고차를 새로 사서 독립적으로 사용하기 시작했습니다. 하지만 새로 산 중고차도 어느 순간부터 탈이 나기 시작했고, 결국 차를 바꾸기로 했지만 남편은 분명 또 어디서 몇 년 구르다 탈 많은 차를 사올 것 같았습니다. 그래서 이번에는 제가 생색내기를 했습니다.

"내가 이번에 차 바꾸는데 돈을 보태 줄게. 제대로 뒤 안전하고 좋은 차를 사자!" "얼마나 보탤 건데?" 남편은 제가 얼마나 보텔지 떠보듯이 물었습니다. "내 돈 다 주고도 살 수 있어!" 그러자 남편이 바로 차를 알아보더니, 지금까지 살면서 집 다음으로 가장 비싼 물건을 샀습니다. 할부도 싫어하고 대출도 싫어하는 남편 때문에 우리는 빚 없이 현금으로 차를 샀습니다. 빚과 대출은 우리 사전에 올릴 수 없는 단어입니다.

큰 아이가 어렸을 때 같은 층에 사는 또래 아기 엄마와 친하게 지냈는데, 아기 책이며 아기 용품 구입이 잦았고 씀씀이도 아주 큰 편이었습니다. 이 집도 남편 혼자 버는 외벌이인데, 우리 집과는 달라도 너무 달라 하루는 물어봤습니다. "한 달에 저축 얼마나 해요?" "저축이요? 저축을 해요? 저축할 돈이 어디 있어요?" 집집마다 생활 형편이 다르고 아이 키우며 살아가는 것이 빠듯한 살림살이라는 것을 알지만 단돈 얼마라도 저축은 해야 하는 것으로 알던 저는 순간 당황스러웠습니다. 소액이라도 저축을 하는 우리 집과 저축은 생각지도 않는 집을 비교하니 달라도 많이 다르구나 싶었습니다.

저와 남편은 직장 생활을 하며 모은 돈으로 신혼살림을 시작했습니다. 저희는 부모님께 손 벌리지 않고 각자 번 돈을 가지고서 결혼 생활을 시작했습니다. 신혼집을 전세로 할까 하다가 전세나 자가나 별반 차이가 없어 썩 내키지는 않았지만 대출을 받아 18평형 아파트를 샀습니다. 빚 내기는 싫었지만 대출을 받아 집을 산 이유는 신혼 초에는 돈 들어갈 일이 많지 않고 둘이 버니 부지런히 갚으면 된다고 생각했습니다. 그리고 몇 년이 지난 후 집을 조금 더 넓히기로 마음먹었습니다. 여기저기 알아보았는데 사려는 아파트는 주공 아파트라 기본 융자가 깔린 집이었습니다. 저는 기본 융자는 당연하다고 생각했는데 남편은 또 무슨 빚을 지냐며 난리였습니다. 그러더니 며칠지나 조용히 봉투 하나를 슬며시 내밀었습니다. 자신의 비상금을 털었다고 빚부터 갚으라는 것이었습니다.

무리하지 않는 범위에서 약간의 빚은 허리띠를 졸라매고 긴장감 있게 살 수 있는 좋은 도구라고 생각했는데, 신용카드 할부도 싫어할 정도로 남편은 빚에 예민합니다. 대출과 빚이라고 하면 밤에 잠도 오지 않고, 돈은 쓰는 게 아니고 저축은 과해야 한다는 남편 덕분에 지금까지 빚 없이 잘 살아온 것 같습니다. 그런데 주변에 보면 무리하게 빚을 내어 집을 장만하는 분들을 많이 볼 수 있습니다. 무엇이 옳고 그르고를 따질 일은 아니라 생각합니다. 각자의 스타일대로 각자의 생각대로 사는 것입니다.

저희 집은 빚지지 않고 무리하지 않으며 저축하고 절약하는 방식으로 돈을 불렸습니다. 저희 세대는 빚은 멀리하고 아끼고 절약해서 돈을 불리는 세대였습니다. 어려서 저의 아버지는 그 시절 다른 부모님처럼 절약을 늘 강조했습니다. 저희가 어렸을 때는 동네에서 아주머니들이 계모임을 하고 계주가 돈을 갖고 도망가는 일도 비일비재했습니다. TV에서는 제 때 돈을 갚지 못한 신용불량자들의 암울한 뉴스도 많이 나왔습니다. 그래서인지 저희 또래의 세대는 빚과 대출에 민감합니다.

제가 그동안 돈을 모으고 불렸던 방법은 아끼고 절약하고 무리하게 빚내지 않으려고 애쓴 기성세대들의 방법입니다. 그런데 그렇게 아끼고 모았던 돈이 초라해지는 시대가 되고 물가는 오르고 부동산 가격은 하늘 높은 줄 모르게 치솟는 시대가 되었습니다. 과거에 우리가 살던 세상이 아니고 우리가 알던 돈도 아닙니다. 세상이 바뀌면서 거기에 사용하는 돈도 바뀌어 가고 있습니다. 치솟는 물가를 잡기 위해 금리가 오르게 되면 치솟던 자산 가격의 흐름이 바뀔 수도 있습니다. 경제 흐름이 어떻게 바뀔지 알 수 없는 변수와 상황들은 계속해서 발생합니다. 평생의 경제생활을 잘 소화해내려면 돈에 대한 생각, 저축에 대한 생각, 노동에 대한 생각들도 시대의 흐름에 따라 유연하게 바꾸어야 합니다.

수렵하고 채집하던 시대를 지나 농경 사회로 넘어오면서 노동이 생존의 한 방법이 되었습니다. 도시가 생기고 산업화가 되면서 직장에서의 게으름은 죄악시되었습니다. 하지만 열심히 성실하게 일하는 것을 당연하게 생각하고 열심히 저축해서 돈을 모으는 것이 진리인 것처럼 생각되던 시대는 사라졌습니다. 그에 발맞춰 우리가 사용하는 돈의 가치도 달라졌습니다.

지금부터는 변화하는 세상에서 다시 생각해야 할 돈에 대한 중요한 개념들을 살펴보겠습니다. 부모 먼저 새로운 마인드로 무장되어야 아이들에게도 돈에 대한 올바른 인식을 심어줄 수 있습니다.

돈에 대한 오픈 마인드

내가 알고 있었던 돈에 대한 상식을 내려놓고 돈에 대해 다시 생각해볼 때입니다. 세상이 바뀌었지만 저축은 여전히 유효합니다. 저금리 시대라 저축에 대한 기대감이 높지는 않지만 내가 무언가 할 수 있는 기회를 얻기 위해서는 씨드머니(종잣돈)가 필요합니다. 씨드머니를 모으기 위해서는 소비를 줄여야 가능하니 결국은 지출을 통제하고 저축을 늘려야 합니다. 돈을 통제하는 능력은 돈이 나에게 어떤 의미인지 생각하는 것에서부터 시작됩니다.

자본주의 세상에서 돈은 내 삶을 통제할 수 있는 수단입니다. 그 누구도 아닌 내가 조절하고 내가 관리하고 내가 의미 부여를 할 수 있어야 합니다. TV나 영상매체를 보면 좋은 집에서 맛있는 음식을 먹으며 모두가 행복하게 사는 것 같습니다. 돈 걱정도 없어 보입니다. 나만 빼고 모두가 잘 먹고 잘 사는 것 같습니다. 보이는 것이 전부가 아니라는 걸 알면서도 보고 있으면 부러운 마음이 듭니다. 나도 모르게 자꾸 비교하게 됩니다. '이 정도면 됐어' 자족해보려고 하지만 스스로가 초라해 보이는 것은 어쩔 수가 없습니다. 그래서 이렇게 '현타(현실 자각)'가 올 때는 나를 위한 사치를 한 번씩 부려도 좋습니다. 하지만 그것이 매주가 되고 매일이 되면 안 되고 내 나름의 보상이라는 관점에서 비롯되어야 합니다. 정리하면 이렇습니다.

1) 씨드머니를 위해 소득을 늘리는 노력보다 지출을 줄이는 노력을 우선 한다. (매월 나가는 고정비용의 5~10%를 줄이고 이 비용을 저축으로 돌린다.)

2) 비용을 줄이려고 애쓰되 힘들면 한 번쯤은 자신에게 보상을 해준다. 그래야 지치지 않고 절약을 습관화 할 수 있다.

빚

핸드폰 약정, 학자금 대출, 신용카드, 차량 할부금, 주택담보대출 등. 일상 대부분이 빚입니다. 그래서 빚에 대해 너무 무감각해도 너무 예민해져도 안 됩니다. 그러나 빚을 관리하지 않으면 빚이 어느 순간 눈덩이처럼 불어날 수 있습니다.

나에게 감당할 만한 수준의 빚은 얼마인지 계산해봅니다.

그 수준 안에서는 집을 구하거나, 차를 살 때처럼 큰돈이 필요한 경우에는 레버리지 효과('지렛대 효과'라고도 하며 타인 자본을 이용하는 것을 말함)를 이용할 수도 있습니다. 자신이 빚을 어떻게 이용하고 있는지 생각해보고 어떻게 갚을지 구체적인 계획도 세워봅니다. 빚은 직면해야 갚아 나갈 수 있습니다.

우리가 살면서 가장 많이 지게 되는 주택담보대출은 은행에 집을 맡기고 돈을 빌리는 것입니다. 집값이 변하기 때문에 은행이 돈을 빌려주는 데에는 어느 정도 기준선이 있습니다. 이를 LTV(Loan to Value ratio)라고 합니다. 그리고 집값이 아닌 실제 돈을 갚는 사람의 연간 수입을 보고 빌려주는 것을 DTI(Debt to Income)라고 합니다. DTI가 50%면 소득의 50%까지 빌릴 수 있다는 뜻입니다. 총부채원리금 상환비율이라고 하는 DSR(Debt Service Ratio)은 각종 부채를 다 더한 것으로 학자금대출, 개인신용대출, 자동차할부금 등 본인이 갖고 있는 모든 빚을 다 더해서 실제로 대출 가능한 금액이 얼마인지 알아보는 것입니다. 정리하면 이렇습니다.

1) 목적이 분명하지 않은 소비, 그 자체에 만족하고자 빚을 지는 행위는 하지 않는다. 이 개념을 적용하게 되면 신용카드 사용은 카드사의 돈을 빌려 쓰는 것인만큼, 목적이 분명하지 않는 카드 사용은 하지 않도록 한다.
2) 돈을 빌릴 때는 추가이득이 생기는 구조인지 분별한다.

자동차를 구입하는 데 대출을 받는다면 자동차 구입을 통해 얻는 이익이 어떤 것인지 따져본다. 집을 구하는 것도 마찬가지이다. 어떤 추가 이득이 생기는지 따져보는 게 중요하다.

가치와 가격

가격 할인, 1+1, 2+1, 50% 할인이라고 쓰여 있는 것을 보게 되면 자꾸 시선이 가고 지갑도 열고 싶습니다. 그리고 원래 가격과 비교하며 이득을 봤다고 생각하고 사길 잘했다는 생각도 합니다. 하지만 돈의 크기와 액수에만 신경 쓰이고 그것이 얼마나 가치 있는 물건인지는 뒷전입니다. 즉, 가치보다는 가격에 자꾸 집착합니다. 공짜로 준다고 하면 오랜 시간 줄을 서도 좋다고 생각합니다. 제대로 된 물건을 제값에 사려는 노력을 해야 하는데 우리는 가격 앞에서 매번 무너집니다. 반면 명품 등 비싼 물건에는 높은 가치를 둡니다. 비싸면 가치가 있다고 생각하기 때문입니다.

이 같은 것에는 시간도 있습니다. 시간을 많이 들이면 그만큼의 보상을 받아야 한다는 오해를 합니다. 몇 년 전에 살던 아파트에서 누수가 발생한 적이 있었습니다. 리모델링하고 이사를 했는데 이사를 하자마자 벌어진 일이라 난감했습니다. 어쩔 수 없이 전문 기술자를 불렀습니다. 그런데 너무

나도 쉽게 누수 원인을 찾고 금방 해결을 했습니다. 단 몇 분만에 해결했는데 감사한 마음도 잠깐, 돈을 지불하는 것이 너무 아깝다는 생각이 들었습니다. 한 번은 남편이 이발을 하러 간 지 얼마 안 되어 바로 집으로 돌아온 적이 있습니다. 왜 이렇게 빨리 왔느냐고 하니 자신도 너무 빨리 끝나서 이발비가 아깝다는 생각을 했다고 합니다. 우리는 일반적으로 오랜 시간 힘들게 일해야 돈을 지불하는 게 아깝지 않다고 생각합니다. 그 반대도 마찬가지입니다. 적은 시간을 썼다고 생각하면 적게 지불하고 싶어합니다. 이 역시 가치를 제대로 보지 않고 판단하는 것과 같습니다.

친환경제품도 마찬가지입니다. 친환경제품이 환경과 인간에게 좋다는 것을 알지만 조금 더 불편하고, 비싸다 보니 구매를 주저하게 됩니다. 정리하면 이렇습니다.

1) 가격 중심의 소비가 아니라 가치 중심의 소비를 한다.
2) 물건에 대한 가치는 사람마다 보는 눈이 다르다. 나는 어디에 가치를 두고 있는지, 자신만의 기준을 만들어본다.

그 밖의 돈에 대한 단상들

은행에서 돈을 빌린 다음, 사정이 생겨서 그러는데, 늦게 갚는다고 하면 봐줄까요? 그렇지 않습니다. 돈은 이성적이고 냉정합니다. 이것이 돈의 속성입니다. 그런데 우리는 자꾸 감정적으로 돈을 사용하려고 합니다. 기분이 좋으면 좋다는 이유로 돈을 쓰고, 기분이 나쁘면 나쁘다는 이유로 돈을 씁니다. 멀리 있는 미래보다 지금 당장의 즐거움과 만족을 주는 것에 쉽게 지갑을 엽니다.

가난하다는 것을 게으름의 결과라고 생각하기도 합니다. 하지만 모든 부자가 성실하고 부지런해서 된 것이 아닌 것처럼 가난 역시 나태하고 게을렀기 때문만은 아닙니다. 돈이 곧 행복은 아니지만, 행복을 위해서는 돈이 필요합니다. 꼭 부자를 꿈꾸지 않아도 되지만 살아가면서 경제적으로 어려움 느끼지 않을 정도는 있어야 돈으로부터 자유로워질 수 있습니다. 자유로워진다는 것은 내가 원할 때 내가 하고 싶은 것을 할 수 있다는 것을 의미합니다.

가격 할인은 우리의 이성적 의사결정을 마비시키고 단순화시킵니다. 우리는 적정 가격을 아주 비싸거나 아주 싼 게 아닌 중간가격이라고 생각합니다. 이를 이성적 판단이라고 생각합니다. 그런데 이건 애초부터 기업의 마케팅 전략 중 하나입니다. 요즘 저는 싼 물건보다 제 값 주고 제대로 된 물건을 사려는 노력을 합니다. 그래서 ESG를 잘 실천하는 기업이나 인플루언서가 추천해준 검증 된 물건을 사려고 합니다 (물론 요즘은 인플루언서들도 협찬을 통해 물건 소개를 하는 만큼 꼼꼼히 잘 따져보아야 합니다). 하지만 싸고 할인이 되는 물건을 사는 습관은 바꾸기가 참 쉽지 않습니다. 그래도 열 번 중에 한 번은 꼭 이런 기준을 가지고서 물건을 소비하려고 합니다.

⑮ 돈 공부를 다시 하는 습관

돈 공부 책으로 시작하라

뉴스를 보면 갈수록 살기 힘든 세상이 되어간다는 생각이 듭니다. 그래도 기대를 하고 살아야 한다고 했는데, 그 기대감은 도대체 어떻게 만들 수 있을까요? 가만히 앉아 있어서는 누군가 가져다주진 않겠죠? 희망 고문이 되지 않으려면 어떻게 해야 할까요? 저는 이렇게 생각합니다. 지금 세상에서 일어나는 일들에 질문을 던져보고 나는 어떤 방향으로 나아가야 하는지, 지금 가고 있는 방향은 제대로인지 매일같이 질문을 해야한다고 생각합니다. 그리고 나보다 앞서 고민한 분들의 질문답을 경청해야 한다고 생각합니다. 이를 도와주는 것이 바로 책입니다.

돈 공부를 하기 위해서는 어떤 책을 읽으면 좋을까요? 처음부터 폼나는 책 어려운 책에 접근할 필요는 없습니다. 초보일수록 경제 동화책, 경제 만화책과 같은 쉬운 책부터 시작하면 좋습니다. 돈 공부에 도움이 되는 책들을 정리하고 이 책들을 어떻게 활용하면 좋을지 정리해보았습니다. 지극히 개인적인 독서 경험을 바탕으로 하는 추천인만큼 이 책들을 참고삼아 더 많은 책을 스스로 찾아 읽어보면 좋겠습니다. 첫 번째로 소개하는 『열두 살에 부자가 된 키라』는 아이들을 위한 경제 동화인 만큼 부모와 아이가 함께 읽어보면 좋겠습니다.

『열두 살에 부자가 된 키라』 (보도 섀퍼 지음)

너무나도 유명한 책입니다. 초등생을 위한 필독서로 빠지지 않고 등장하는 책입니다. 이 책은 돈에 대해 구체적으로 생각해보는 시간을 주며 저축과 소비 그리고 투자에 대한 기본적인 이해를 도와줍니다. 여기서는 주요 문구를 인용하며 부모와 아이가 함께 고민해볼 수 있는 문제를 정리해보았습니다. 당장 아이와 이런 얘기를 할 준비가 되어 있지 않다면 부모부터 먼저 해보시길 바랍니다.

1) "나도 돈이 인생에서 제일 중요하다고는 생각지 않아. 하지만 돈이 없어 궁지에 몰리게 되면 믿을 수 없을 만

큼 돈이 중요해지지."(24쪽)

→ 돈이 인생에서 얼마나 중요한지 생각해본다. 자신에게 돈이란 무엇인지 세 글자로 또는 다섯 글자로 표현해본다.

2) "네가 좋아하는 것이 무엇인지 정확히 알아 두는 게 좋아. 그래서 그것을 통해 돈을 벌 수 있는 방법을 생각해 보는 거야."(64쪽)

→ 주인공 키라는 자신이 강아지와 놀기를 좋아한다는 걸 생각해내고, 강아지와의 산책으로 돈을 벌 궁리를 한다. 돈을 벌고 싶다면 자신이 좋아하는 것이 무엇인지 파악하고 그것을 통해 어떻게 돈을 벌 수 있는지 생각해 본다.

3) "많은 사람들이 주식에 대해 알고 있는 것 같지만 정확히 아는 사람은 많지 않아."(194쪽)

→ 내 주변 사람들은 주식 투자를 어떻게 생각하고, 실제로 어떻게 투자하고 있는지 살펴본다. 그리고 '투자 고수'라 불리는 사람들은 주식 투자에 대해 어떤 철학을 갖고 있는지 알아본다. 더불어 주식 투자에 대한 나의 생각도 정리해본다.

4) "행복하고 여유 있게 살고 싶은 사람은 자신을 변화시켜야만 해. 돈은 사람을 변화시키는 데 아무런 도움이

안 된단다. 돈은 사람을 행복하게도 불행하게도 만들지 않아. 돈 자체는 중립적인 것이라 나쁜 것도 좋은 것도 아니거든, 단 그 돈이 누군가의 손에 들어가는 순간부터 좋은 의미를 지니게도 또는 나쁜 의미를 지니게도 되는 거지."(162쪽)

→ 돈이 행복을 가져다주는 경우와 불행을 가져다주는 경우는 어떤 때인지 생각해본다.

5) "72의 공식이란 72를 투자한 돈의 이윤 퍼센트로 나누면 몇 년 뒤에 그 돈이 두 배가 되는지 알 수 있지."(224쪽)

→ 72의 법칙을 통해 지금의 은행 이자를 알아보고 돈이 두 배가 되는 기간을 계산해본다. 예를 들어 은행 이자가 2%라고 하면 내 돈이 두 배 되는데, 72나누기 2를 해서 36년이 걸린다는 것을 이해한다.

『바빌론 부자들의 돈 버는 지혜』 (조지 S. 클래이슨 지음)

부자가 되는 방법을 제시한 재테크의 아버지뻘 쯤 되는 책입니다. 바빌론시대는 오늘날까지 전 세계에서 사용되는 금융의 기본 원리가 처음으로 시작된 요람이었습니다. 부자들이 사는 바빌론에 '반사르'라는 이름을 가진 노예와 그의 친구 코비가 있었습니다. 주머니에 돈 한 푼 없는 신세를 한탄하며 돈을 어떻게 벌어야 하는지, 어떻게 하면 안정된 수입원을 가질 수 있는지 부자에게 물어보는 것으로 이야기는 시작됩니다.

부자가 알려준 첫 번째 방법은 버는 것보다 덜 쓰고, 번 돈의 일부는 반드시 저축하는 것입니다. 책에서는 적어도 10분의 1을 저축하라고 말합니다. 그리고 그 돈이 일할 수 있도록 해야 한다고 했습니다. 이어지는 두 번째 조언은 합당한 경험을 가진 사람에게 조언을 구하라는 것입니다. 그리고 인색하게 굴지 말고 푼돈이라도 기부하며 수입에 걸맞은 삶을 살아야 한다고 했습니다. 그러면서 부자는 가장 중요한 행동 원칙으로 '일단 시작하라'를 제시합니다.

→ 부자가 되고 싶다면 일단 무엇부터 시작해야 하는지 생각해본다. 저축해서 모은 돈이 일하게 하는 방법은 무엇이 있는지 찾아본다. 주변에 조언을 얻을 부자 지인이 있는지 찾아본다.

『EBS 다큐프라임 자본주의』 (EBS 자본주의 제작팀 지음)

EBS 방송국에서 방송되었던 다큐 프라임 〈자본주의〉를 책으로 출간하였습니다. 영상을 보면 자본주의가 어떻게 작동되고 있는지 쉽게 이해할 수 있습니다.

자본주의 사회를 살아가면서 자본주의에 대한 이해가 없으면 삶이 위태로워질 수밖에 없습니다. 책은 빚과 대출이 두

렵고 불편하지만 빚이 없으면 자본주의가 정상적으로 작동되지 않는다는 원리도 알려줍니다. 그리고 은행의 기능도 정확하게 설명해줍니다. 왜 물가는 끊임없이 오를 수밖에 없는지도 알려줍니다. 이 모두 자본주의의 메커니즘을 이해하는 데 도움을 주는 내용입니다.

경제 공부를 한 번도 한 적 없는 사람들의 눈높이에 딱 맞게 설명되어 있어 누구나 쉽게 읽고 이해할 수 있습니다. 무엇보다 자본주의 사회에서도 간과하지 말아야 할 것은 사람의 행복임을 알려줍니다. 소득이 증가해도 행복은 정체된다는 '이스털린의 역설'처럼 행복은 돈이 많아질수록 증가하지 않는다는 것을 여러 가지 예를 통해 보여줍니다. 그리고 국가의 생산적인 복지와 더불어 따뜻한 자본주의를 추구할 수 있어야 한다고 말합니다.

→ 얼마의 돈이 있으면 행복한 걸까? 내가 생각하는 나의 행복 정체선이 될 금액은 얼마일까? 를 생각해본다.

『댄 애리얼리 부의 감각』 (댄 애리얼리 지음)

쉽지만 어려운 것이 돈이고 돈을 잘 알아야 돈에서 자유로워질 수 있다고 합니다. 세상은 빠르게 변하고 돈 쓰기는 쉽고 금융 환경은 점점 복잡해져 돈에 관한 의사결정시 저지르기 쉬운 실수들을 모은 책입니다. 왜 돈을 쓰고 후회하는지 돈에 대해 알아야할 것은 무엇인지 부의 감각을 키우는 방법은 무엇이 있는지 알려주는 책입니다.

예를 들어, 사람들은 신용카드를 사용함으로써 지불의 고통을 피하려는 습관이 있습니다. 그리고 금융과 기술이 만나면서 소비는 더욱 손쉽고 간편해져 돈을 쓴다는 의식조차 하기가 어려워집니다. 작가는 부의 감각을 키우는 방법으로 자동이체를 신청하여 자동으로 돈이 다른 통장으로 가도록 해놓으라고 조언합니다. '선 저축 후 지출'을 통해 줄어든 생활비에 맞춰 생활하는 방법을 익혀야 한다고 말합니다.

→ 돈이 새어 나가지 않게 하려면 어떤 장치를 만들어야 하는지 생각해본다. 세일, 할인, 1+1 판촉 시 소비하고 싶은 욕구를 자제하려면 어떻게 해야 하는지 구체적으로 생각해본다.

『파이프라인 우화』 (버크 헤지스 지음)

돈을 버는 방법은 물을 나르는 방법과 같다고 이야기합니다. 물을 나르는 방법에는 크게 두 가지가 있는데, 하나는 물통으로 물을 나르는 방법이고 다른 하나는 파이프라인을 설치하는 방법입니다. 그런데 늘 해오던 방식이라는 오랜 습관에 얽매이기 시작하면 미래의 비전을 제대로 보지 못하고 현실은 변화되지 않습니다. 즉, 잘못된 시스템을 선택하면 아무리 노력해도 원하는 성과를 거두기가 어렵다는 것을 알려줍니다.

내일 당장 직장에서 쫓겨난다면? 내일 당장 수입이 끊긴다면? 노동은 일시적입니다. 세상의 많은 사람들이 물통을 나른다고 그것이 정답일 수 없고 남들보다 큰 물통을 나른다고 해서 더 나은 것도 아닙니다. 파이프라인을 만들되 멀리 보고 절제된 생활을 하며 인내와 끈기를 갖고 파이프라인으로 물이 제대로 흐를 수 있도록 기다려야 한다고 책은 말합니다.

→ 근로소득 이외의 어떤 수입이 있는지, 어떤 수입원을 만들 수 있는지 고민해본다. 디지털 중심의 지금의 세상에서 나의 경험과 경력을 어떻게 파이프라인으로 활용할 수 있는지 생각해본다.

⑯ 경제 상식을 쌓는 습관

경제와 금융 자신감을 가져라

    경제와 금융을 모르면 호구 되는 세상입니다. 그런데 경제, 금융 그러면 뭔가 어렵게 느껴집니다. 관련 단어들도 마찬가지입니다. 비단 경제 금융뿐만이 아닙니다. 의료와 법률 용어도 마찬가지입니다. 이는 전문가들이 자신들만 알 수 있는 언어로 만들어 놓고 모르면 자신들을 찾아오게 하려고 해둔 것입니다. 그러나 이제 경제와 금융 만큼은 모르면 아예 생활이 안되는 단어들이 되었습니다. 그래서 전문가들만 알아야 되는 것이 아니라 누구나 알고 있어야 하는 상식이라 할 수 있습니다.

그런 의미에서 상식 수준에서 금융과 관련된 몇몇 용어와 개념들을 한번 정리해보고 가겠습니다. 여기서부터 출발한다는 것 잊지 마시고 이어서 나머지 금융 용어들도 별도의 방법을 통해 공부하는 습관을 들이면 좋겠습니다. 평소 경제나 금융, 재테크 공부를 좀 하신 분, 직접적인 투자 경험도 있으신 분들은 한 번 정리한다고 생각하시고 같이 봐주시면 좋겠습니다.

금융 용어를 공부하는 데 있어 출발점은 미국입니다. 세계 금융의 중심지 미국, 미국은 어떻게 세계 금융을 좌지우지하는 나라가 되었을까요? 그 이유는 바로 '달러' 때문입니다. 1차 산업 혁명으로 영국의 세력이 확장되면서 파운드가 세계적으로 통용되었는데, 2차 세계 대전을 겪으면서 미국 달러가 힘을 얻게 됩니다. 그렇다면 달러화에 이어 세계에서 두 번째로 많이 통용되는 돈은 무엇일까요? 바로 중국의 위안화입니다. 중국은 여기에서 한발 더 나아가 디지털화폐로 빠르게 변화하고 있습니다. 아직은 국가간 무역 거래시 달러로 결제 대금을 주고받습니다. 그래서 지금의 달러를 기축통화라고 합니다. 기축통화란 기본 축이 되는 돈을 말합니다. 우리나라와 아프리카의 어느 나라와 무역을 한다고 할 때 어떤 돈으로 결제를 할까요? 앞서 말씀드린 대로 달러로 돈을 주고

받습니다. 그래서 어디서든 통하는 기본이 되는 돈이 바로 달러입니다.

자본주의에서는 돈(세계적으로 얘기하면 달러)을 누가 많이 갖고 있느냐가 결국 힘의 상징인데, 미국은 필요하면 달러를 찍어내면 됩니다. 이것이 바로 미국의 힘입니다. 하지만 기축통화의 지위를 갖고 있는 미국임에도 불구하고 때로는 경제 위기를 겪기도 합니다. 무한정 찍어낸다고 해서 항상 자국에 유리한 것은 아니기 때문입니다. 이처럼 돈은 경제에서 너무나도 중요한 윤활유 역할을 합니다. 이 '돈의 융통'을 한자 그대로 금융(金融)이라고 합니다.

돈이 없는 사람들은 '돈을 어떻게 빌릴까'를 고민하고, 반대로 돈이 많은 사람은 '돈을 어떻게 불릴까'를 고민합니다. 여기에서 금융이 시작됩니다. 금융이란 돈을 빌리고 빌려주는 거래이며 이런 과정을 통해 돈이 이동하는 것을 말합니다. 그래서 돈이 거래되는 시장을 금융 시장이라고 하고 금융 회사는 금융 상품을 만들어 판매하는 회사를 지칭합니다.

우리가 잘 알고 있는 은행을 '제1금융권'이라고 합니다. 은행을 제외한 증권 회사, 신용카드 회사, 보험 회사, 신협, 저축은행, 새마을금고, 단위농협 등은 '제2금융권'입니다. 제3금융권은 대부업이라는 사금융을 말합니다. 1금융권인 은행은 회사입니다. 은행은 대출 이자를 많이 받고 예금 이자는 대출이자보다 적게 주는 차액(예대 마진)으로 이윤을 추구합니다. 이자, 이자율, 금리 모두 같은 의미입니다. 그렇다면 은행의 금리는 어떻게 정해질까요? 우리나라의 중앙은행인 한국은행이 은행의 은행으로서 금리를 정합니다. 이를 '기준 금리'라고 합니다. 각 은행들은 한국은행이 발표하는 기준 금리를 보고 비슷하게 금리를 정합니다.

이자 계산법에는 단리와 복리가 있습니다. 단리는 단순하게 원금에 이자를 주는 방식이고, 복리는 원금과 원금에 부과된 이자까지 포함한 금액에 이자를 주는 방식입니다. 당연한 얘기겠지만 복리로 이자를 계산하면 처음 몇 년은 단리로 계산한 이자와 별 차이가 없지만 시간이 지나면 지날수록 엄청난 차이가 납니다. 이것이 다들 부르짖는 '복리의 효과'입니다. 그런데 요즘은 복리를 주는 예금 계좌가 흔치 않습니다. 대신 복리의 효과를 거둘 수 있는 장기 적립식 투자에 관심이 많습니다. 물론 투자인 만큼 원금 손실은 일어날 수 있습니다. 그리고 이 복리를 이자가 아닌 대출 이자로 내야 할 때가 있습니다. 바로 사채를 쓴 경우입니다. 사채로는 절대 돈을 빌리면 안 된다고 하는 이유가 이 때문입니다.

요즘 은행 이자는 2% 대입니다. 72법칙을 적용해 원금이 두 배가 되는 시간을 계산해보면(72 ÷ 2 = 36) 36년이 걸립니다. 복리도 이 정도인데 단리로 계산한다면 그보다 몇 배의 시간이 걸립니다. 그래서 저금리 시대에는 예금 대신 투자를 해야 한다고 다들 말합니다.

    은행도 이 같은 세상 흐름을 쫓아가기 위해 예금과 대출 상품만 운용하는 것이 아니라 보험이나 펀드 등을 직접 판매하기도 합니다. 최근에는 소비자와 좀 더 가까워지기 위해 지점 방문 없이 온라인상으로만 이 모든 거래나 상품 가입 등을 할 수 있게 해두었습니다. 그리고 아예 지점 없이 인터넷으로만 존재하는 은행도 있습니다. 아시다시피 그런 곳이 바로 카카오뱅크, K뱅크, 토스입니다. 인터넷 뱅킹이나 인터넷 은행을 보안이나 해킹의 걱정 때문에 이용을 주저하는 분들이 많습니다. 이런 분들은 큰돈은 시중 은행을 이용하고 입출금이 많은 소액만 인터넷 은행을 이용합니다. 하지만 지금은 인터넷 세상, 디지털경제입니다. 그래서 인터넷 은행에 대한 불안감은 점점 해소될 것입니다.

    여신(與信), 수신(受信)이라는 단어도 들어 보셨을 것입니다. 여신은 신용을 준다는 뜻이고(대출), 수신은 신용을 받는다는 뜻입니다(예적금). 은행은 이 두 가지 업무를 다하고 있습니다. 반면 신용카드 회사는 대출 상품인 카드를 판매하고 고객에게 돈을 받아 예금하는 업무는 하지 않습니다. 신용카드를 사용한다는 의미는 카드사에 대출을 받는 것이고 카드사에 빚을 졌다는 의미로 이해하면 됩니다. 카드사의 카드론,

현금서비스 등은 모두 대출 상품입니다. 그래서 리볼빙(결제 대금의 일부만 내고 나머지는 다음 달로 넘기는) 서비스를 이용하면 수수료가(일종의 이자) 발생합니다.

다시 앞으로 돌아가서 신용이라는 말을 생각해보겠습니다. 신용이란 돈을 빌리고 갚는 능력을 말합니다. 은행이나 카드사는 돈을 잘 갚을 능력이 있는지 없는지 어떻게 알 수 있을까요? 고객의 신용도를 보고 그 능력을 확인합니다. 돈을 빌리거나 카드를 사용하고 나서 제때 갚지 않거나, 반복해서 연체하게 되면 신용 점수가 점점 낮아집니다. 신용이 낮아지면 똑같은 돈을 빌리고도 더 많은 이자를 내야하고 한번 떨어진 신용 점수를 회복하는 데에는 더 많은 시간과 노력이 필요합니다. 신용 대출은 별도의 담보 없이 신용을 가지고 대출을 받는 것이고, 담보 대출은 돈이 되는 것을 맡기고 대출을 받는 것을 말합니다.

투자의 시대 주식에 대한 이해도 있어야 합니다. 주식은 무엇일까요? 회사가 사업을 하는 데 필요한 자금을 마련하는 방법의 하나로 회사의 소유권을 주식으로 발행하고 이를 투자자에게 팔고 돈을 마련하는 것입니다. 그래서 주식을 산다는 것은 내가 직접 회사를 차리지 않고 회사를 운영하는 사람과 동업한다는 것을 뜻합니다. 물론 소액 투자를 하거나 단기 차액을 노리고 투자하는 분들은 이렇게까지 생각하지는 않겠지만 주식의 원래 의미는 알고 있어야 합니다. 그래서 투자 고수들은 동업자의 마음으로 믿을 만한 회사를 장기투자해야 한다고 말합니다.

주식을 가지고 있는 사람을 주주라고 하는데, 이는 주식회사의 주인이라는 뜻입니다. 주주들이 모여서 하는 회의가 주주총회이며 주식을 많이 가지고 있을수록 회사를 많이 소유한 것이기에 회사의 의사 결정에 큰 역할을 할 수 있습니다. 가끔 드라마를 보면 주주의 권리를 가지려고 주식을 양도받느냐 누구에게 양도하느냐를 가지고서 가족 간에 분란이 일어나기도 하는데, 그것은 바로 회사의 의사 결정에 영향을 미치는 일이기 때문입니다. 이건 비단 드라마 속만의 일은 아닙니다. 현실 세계에서도 간간이 대기업들의 형제 싸움 같은 걸 뉴스로 들을 때가 있는데 바로 이런 이유 때문입니다.

주식 투자는 회사가 성장할 것을 보고 동업자가 되겠다는 결정입니다. 하지만 우리의 예상대로 그 회사가 계속해서 성장할지 여부는 알 수가 없습니다. 내가 회사의 내부 사정을 속속들이 다 아는 것도 아니기 때문에 아무리 동업자로서 열심히 회사를 살핀다고 해도 놓치는 정보가 있기 마련이고, 이로 인해 주가가 하락해서 손실을 보는 일도 일어날 수 있습니다. 그래서 이런 분들을 위해 만든 금융 상품이 있습니다. 바로 펀드입니다. 펀드는 전문가에게 내 돈을 맡기고 약간의 수수료를 주고 나를 대신해 투자하게끔 하는 것을 말합니다. 일종의 간접 투자입니다.

이 펀드를 매일 주식 시장에서 개별 기업의 주식을 사고팔 듯 쉽게 거래할 수 있도록 해 둔 것이 있습니다. 바로 ETF입니다. ETF는 'Exchange Traded Fund'라는 뜻을 가지고 있습니다. 영문 뜻을 그대로 해석하게 되면 거래소(Exchange)에서 거래되는(Traded) 펀드(Fund)라는 뜻입니다. ETF는 주식처럼 1주, 2주 이렇게 사고팔 수 있는데, 예를 들어 '2차전지 ETF'는 2차전지 관련 회사들에 투자하는 펀드로 2차 전지와 관련된 기업의 주식을 한 바구니에 담아 놓고 주식처럼 살 수 있게 해 놓은 것입니다. '메타버스ETF' 역시 메타버스 관련된 회사들의 주식을 담아 놓은 것입니다. 각 기업을 개별적으로 하나씩 사는 것보다는 ETF 1주를 사는 게 비용도 적게 들고 위험 회피도 가능합니다. 그래서 주식 초보자는 개별 기업에 투자하는 것보다 ETF를 통해 주식 투자를 해 볼 것을 추천해 드립니다.

그렇다면 주식 관련 뉴스에 매번 나오는 코스피(KOSPI), 코스닥(KOSDAQ), 시가총액은 무엇일까요? 대기업, 중견 기업들의 주식이 거래되는 시장을 코스피라고 하고, 주가 지수를 코스피지수라고 합니다. 지수는 시기별로 비교하기 위해 정해 둔 숫자인데, 1980년 코스피 시장의 주식 전체 가격을 다 더한 금액을 100으로 보고, 그때를 기준으로 현재 어느 정도인지를 비교하는 게 지금의 코스피 지수입니다. 코스피지수가 3천이면 1980년 100일 때와 비교해 40년이 지난 지금 서른 배 정도가 오른 것이라 할 수 있습니다. 이 말은 주식 시장으로 더 많은 기업이 들어와 전체 가격을 키웠다는 것을 의미하기도 하고, 각 기업의 주식 가격이 그만큼 더 커졌다는 것을 의미하기도 합니다. 코스피에는 대기업을 위시한 일반 기업들이 코스닥에는 벤처기업이나 기술 중심의 기업들이 대거 포함되어 있습니다.

요즘 신생 플랫폼 기업이나 새로운 기술력을 가진 기업의 주식 시장 입성에 다들 관심이 많습니다. 시장에서 이미 존재감을 과시하고 있는 기업일수록 주식 청약을 통해 바로 수익을 볼 수 있기 때문입니다. '따상'이라는 말도 들어보셨을 텐데 기업이 주식 시장에 자신을 공개하자마자 두 배(따블) 이상으로 가격이 올라가는 것을 말합니다.

시가총액이라는 말도 많이 들어보셨을 텐데요, 횟집에 가면 시가(싯가)라고 쓰여 있는 것을 볼 수 있죠? 가격이 시시때때로 변동해서 시가라고 하는데, 주식 시장에서의 시가 총액은 회사가 발행한 주식 수와 현재의 주식 가격을 곱한 것을 말합니다. 시가총액이 그 회사의 크기를 나타내므로 시가 총액을 기준으로 해당 기업의 가치를 평가하기도 합니다. 현재

(2022년 2월) 우리나라 시가총액 1위 기업은 삼성전자입니다.

주식은 내가 투자하려는 회사를 찾아가서 사는 것이 아니라 주식 거래의 중간 역할을 하는 증권회사에서 사고팔 수 있습니다. 그런데 증권회사는 주식뿐만 아니라 채권도 사고팝니다. 채권 거래는 차용증을 주고받는 것입니다. 차용증은 돈을 빌릴 때 원금 얼마, 갚는 날짜 언제, 그래서 이자 얼마 이렇게 적은 종이를 말합니다. 개인과 개인의 돈 거래에서 주고받은 차용증은 사고팔기의 대상이 되지 않지만 기업, 지방자치단체, 국가 등에서 발행한 차용증은 사고팔기가 가능합니다. 이때의 차용증을 채권이라고 합니다. 자금이 필요할 때 채권을 발행하고 돈을 수혈받는 데 기업에서 발행하면 기업채, 지방자치단체에서 발행하면 지방채, 국가에서 발행하면 국채가 됩니다. 그래서 채권에 투자했다는 건 돈 받을 권리를 샀다는 것을 의미합니다.

채권이 주식보다 안전하다고 하는 데에는 돈을 갚을 기간과 이자가 채권 증서에 명확히 적혀 있기 때문입니다. 주식은 높은 수익률을 낼 수 있으나 위험이 큰 반면 채권은 주식보다는 수익률은 낮지만 안전하다는 장점을 가지고 있습니다. 하지만 기업이 망하고 국가가 망한다면 이 역시 위험할 수 있는 투자의 한 형태입니다(국가는 쉽게 망하지 않죠? 그래서 국채는 신용도가 높습니다. 대신 안정성이 높은 만큼 수익률은 낮습니다). 채권

투자도 증권회사 계좌를 통해 할 수 있습니다.

보험은 예기치 못한 많은 위험에서 경제적 어려움을 대비하기 위해 가입하는 것입니다. 보험은 장기로 가입해야 하므로 중간에 해지하게 되면 손해가 납니다. 보험은 생명과 관련된 생명보험, 재산과 관련된 손해보험으로 구분되며 민영보험회사에서 운영합니다. 반면 국민의 최저 생활을 보장하기 위해 국가가 운영하는 보험도 있습니다. 바로 국민연금, 건강보험, 산재보험, 고용보험, 노인장기요양보험이 여기에 해당됩니다. TV에서 나오는 보험 광고를 보게 되면 '갱신형'이라는 단어도 자주 듣게 되는데, 갱신형은 보험료가 중간에 오른다는 뜻입니다. 그래서 3년 갱신형은 3년마다 보험료가 오른다는 것을 말합니다.

최근에 대두된 금융 용어 중 '마이 데이터'라는 것이 있습니다. 마이 데이터 서비스란 내 은행계좌가 몇 개인지, 총 은행 잔고는 얼마나 있는지, 신용카드는 몇 개 인지, 보험을 어디에 몇 개 가입했는지 금융 정보를 한 눈에 볼 수 있도록 알려주는 서비스입니다. 각 금융 회사들은 우리의 자산을 관리하고 금융컨설팅을 해준다는 명목으로 자신들의 마이 데이터 서비스를 이용하도록 열심히 마케팅을 하고 있습니다. 그런데 알고 보면 우리의 금융 정보를 바탕으로 이윤을 더 올리기 위한 금융 상품을 만들려는 것이라고도 할 수 있습니다. 그래서 금융 회사의 서비스를 이용하기 전에 금융결제원의 '어카운트인포' 앱을 활용해 내 금융 정보는 내가 먼저 잘 알고 있는 것이 좋습니다. 금융에 대한 이해와 함께 금융 소비자로서의 자신의 정보와 권리를 잘 알고 사용할 때 금융 자신감은 생깁니다.

금융은 점점 복잡하고 다양해지고 있습니다. 그런데 우리는 금융 상품에 가입할 때 상품에 대한 설명을 자세히 읽어 보지 않고 대충 보고 사인을 합니다. 현장에서 상품 가입서에 적힌 깨알 같은 내용을 일일이 읽어 보기도 어렵고, 한 문장 한 문장 이해를 위해 질문을 했다가는 이상한 사람 취급받기가 십상입니다. 금융 상품 광고에서도 순식간에 지나가는 작은 글씨는 우리가 알아야 할 내용이지만, 사실 보라고 하는 것인지 그렇지 말라고 하는 것인지 잘 모르겠습니다.

그래서 금융 회사의 설명만 듣고서 금융 피해를 보는 경우도 생깁니다. 제대로 설명을 듣지 않았는데도 불구하고 '설명 들었음'이라고 사인을 해야 하기도 합니다. 이 같은 '불완전 판매'로 생기는 소비자의 피해를 줄이고자 국가에서는 금융 상품을 가입하고 마음이 변해 해약하고 싶으면 7~15일 안에 계약을 파기할 수 있게 해 두었습니다. 그리고 불완전 판매라는 것이 입증되면 1년 이내에도 해약이 가능합니다. 이밖에도 대출을 받았는데 전직, 승진 등으로 내 신용 상태가 개선될 가능성이 있다면 대출이자를 내려 달라고 할 수도 있습니다. 이를 '금리인하요구권'이라고 합니다.

금융이 복잡해지고 인터넷으로 많이 바뀌면서 이에 익숙하지 않은 사람들을 대상으로 하는 금융 사기 역시 갈수록 수법이 지능화되어가고 있습니다. 그 대상도 금융에 취약한 계층뿐만이 아니라 다양한 계층으로 넓어지고 있습니다. 사회 경험이 풍부한 성인이라면 이상한 금융 거래를 요구할 때 보이스피싱(전화 금융 사기)에 대한 의심을 하기도 합니다. 하지만 청소년이나 이제 막 성인이 된 아이들은 이런 의심이 아무래도 어른들보다 떨어질 수밖에 없습니다. 특히 자신이 직접 금융 기관을 이용하거나 거래를 해보지 않았다면 누가 접근해서 이렇게 해야 한다, 저렇게 해야 한다 말하면 금방 속아 넘어갑니다. 우리가 대학생이던 시절 신입생들을 상대로 영어 주간지 몇 년 치를 구독하도록 유도하던 분들이 있었습니다. 막 대학에 들어온 부푼 마음을 이용해 강매 아닌 강매를 한 셈입니다. 우리 아이들도 형태만 바뀌었을 뿐 여러 금융 사기에 많이 노출되어 있습니다. 부모인 우리가 먼저 금융에 대해 공부하고 아이들에게 주의를 줘야 하는 이유입니다.

지금까지 간단하게 실생활에서 접할 수 있는 금융 용어들을 살펴보았습니다. 아마 한 번씩 뉴스 등을 통해서 들어본 용어들입니다. 이미 그 뜻을 정확히 알고 있는 것도 그렇지 않고 애매하게만 알고 있는 것도 있습니다. 이 기회를 통해 좀 더 정확히 아셨으면 합니다. 그리고 한 번 더 말씀드리지만 아이들에게도 정확히 설명해줄 수 있을 정도가 되어야 합니다.

⑰ 투자하는 습관

자본이 일하게 하라

 2019년, 2020년 코로나19 전염병이 전 세계를 강타했습니다. 그러나 사스나 메르스처럼 몇 개월 지나면 괜찮아질 거라 생각했습니다. 강의하느라 바쁘게 지낸 시간에 대한 보상이라 생각하며 조금 긴 휴가를 보낸다고 생각했습니다. 그런데 강의가 취소되는 정도가 아니라 다음을 기약할 수 없는 상황이 되었습니다.

 조금씩 투자해오던 주식은 매일 파란 비를 내렸고, 나도 내 돈도 힘 없이 몇 개월을 보냈습니다. 하지만 떨어진 주식을 보면서 한숨만 짓지 않고 조금씩 사들이기를 시작했습니다. 투자 공부를 하면서 읽었던 책들을 다시 한번 읽어보면서 처음 투자할 때의 마음을 되새겼습니다. '멀리 보기로 했지? 기업과 동업한다는 마음으로 하기로 했지? 그럼 시간이 필요하지?' 스스로 질문하고 스스로 대답하며 마음을 가다듬었습니다.

그랬더니 언제부터인가 주식 가격이 자고 나면 오르고, 자고 나면 오르기를 반복했습니다. 저는 여전히 일이 없는데 내 돈이 일을 하고 있었습니다. 그때 깨달았습니다. "내가 일을 못하는 상황이 오면 내 돈이 일하도록 해놓고, 내 돈이 일을 못하면 내가 일하는 시스템을 만들어야겠구나." 나는 일 없이 놀고 있지만 내 돈은 여전히 나를 위해 일하고 있었습니다. 펀드 투자와 국내 주식만 해왔던 기존의 방식에서 벗어나 해외주식에도 투자하고, 금 현물도 몇 그램씩 사 모으고, 달러를 사서 외화 예금도 해보고, 변화하는 세상을 공부하며 암호화폐인 비트코인과 이더리움에도 투자해보았습니다. 물론 처음 해보는 분야의 투자는 공부라 생각하고 욕심부리지 않고 조금씩 했습니다.

내가 투자한 주식 가격이 오를 수도 있지만 그 반대인 경우도 있습니다. 이때 주식과 성격이 다른 곳에 투자했다면? 어느 한 쪽의 수익으로 손해를 희석할 수도 있겠죠? 저는 무엇보다 경제 교육 강사로서 투자의 여러 형태를 경험해 보는 것이 중요하다고 생각하고 여러 곳으로 다양한 투자를 해보았습니다. 그런데 그것이 오히려 분산 투자 효과를 발휘해 최근(2022년 2월) 미 금리 인상을 계기로 전체적으로 주가가 내리거나 주춤하는 장세임에도 손실 없이 제 돈은 여전히 저를 위해 일하고 있습니다.

지금부터는 제가 했던 투자를 설명해 드리겠습니다. 여러분도 이 내용을 참고하셔서 투자 경험을 한 번씩 해보시길 바랍니다. 경제 공부를 하면서 투자도 직접 해보고 내가 느끼는 바가 있어야 아이들에게도 알려줄 수 있습니다. 그리고 투자는 꼭 내가 감당할 수 있는 범위 안에서 해야 합니다. 공부가 목적이라면 더더욱 빚을 내서 할 이유는 없습니다. 시작은 1백만 원 아니 몇십 만 원으로도 충분합니다.

주식 투자

세계적인 갑부들이 부자가 된 이유에는 주식이 있습니다. 이들은 대부분 회사를 창업했고(어마어마한 상속자도 있지만) 자신이 창업한 회사의 주식을 소유하고 있습니다. 이때 회사가 성장 고도를 달리면 이들의 부도 함께 올라갑니다. 그렇다면 우리도 회사를 만들고 회사를 성장시키고 그 주식을 갖고 있으면 되지 않을까요? 물론 그렇게 생각할 수 있습니다. 하지만 회사를 만들고 회사가 성공해서 내가 소유한 주식으로 부자가 될 정도가 되려면 엄청난 노력과 시간 그리고 운이 필요합니다. 그래서 우리는 그냥 그들이 만든 회사의 주식 일부를 사는 것으로 대신하고자 합니다.

주식 투자를 위해서는 앞에서도 말씀드렸지만 그 회사의 성장 가능성을 믿고 동업자의 마음으로 투자해야 합니다. 하지만 초보투자자들은 정보력의 한계도 있고 여러 가지 리스크를 견딜 내성도 부족하기 때문에 단순하게 투자하고 오랫동안 보유할 수 있는 우량 기업을 선택하는 것이 좋습니다. 처음부터 회사의 재무제표까지 들여다보면서 투자를 하는 것은 오히려 선택의 어려움을 주어 시작도 못하게 됩니다. 결국에는 기업의 잠재 가치나 미래 가치가 주식 가격에 반영됩니다. 그렇기 때문에 새롭게 떠오르는 가치가 무엇인지 주목하고, 내가 많이 사용하고 남들이 많이 사용하는 기업에 주목하는 것이 필요합니다. 그래서 장기 투자에서는 상식적 접근이 더 중요합니다. 4차 산업 혁명을 이끄는 기술, 소비자 트렌드 변화를 보며 우리 주변에서부터 앞으로 성장 가능성이 높은 기업을 찾아보는 것은 경제 공부 나아가 트렌드 공부와도 연결이 됩니다.

주식 투자를 본격적으로 하게 되면 가장 많이 듣는 단어 중 하나가 바로 PER(퍼)입니다. PER는 주식 가격이 그 회사의 1주당 이익에 몇 배가 되는지를 나타내는 것을 말합니다.

순이익이 주식가격보다 크면 PER가 낮게 나타나고 이익에 비해 주식가격이 높으면 PER가 높게 나타납니다. 요즘 잘 나가는 기업들은 PER가 높습니다. 이는 기업 가치를 높게 평가하여 이익에 비해 주식 가격이 높다는 것을 의미합니다. 우리나라의 네이버, 카카오 미국의 테슬라 등은 PER가 높습니다. 디지털경제의 플랫폼기업들에 대한 성장성과 미래에 대한 기대감 때문입니다. 물론 그 반대로 주식 가격에 거품이 끼었다고 볼 수도 있습니다.

회사가 1년 동안 열심히 일해서 돈을 벌고 이익이 생기면 주주들에게 이익을 돌려주는 것이 배당인데 모든 회사가 무조건 배당을 주지는 않습니다. 유명한 회사이며 주가 이익이 높다고 해서 배당을 많이 주는 것도 아닙니다. 그래서 전통적으로 배당을 꾸준히 안정적으로 주는 회사들을 찾아야 합니다. 이런 회사들은 검색 몇 번이면 금방 찾을 수 있습니다. 요즘은 배당액을 일종의 은행 이자처럼 생각하고 배당을 잘 주는 우량 기업을 파악해서 큰돈을 묻어두고 배당금 위주로 현금을 확보하는 분들이 있습니다. 이자 대신 배당 수익률이 더 낫다고 보기 때문입니다.

이제 어떤 기업에 투자할지 기업 정보 보는 법을 알려드리겠습니다. 스마트폰으로 '네이버 금융'을 검색합니다. 그리고 '국내'를 클릭합니다. 조금 밑으로 내려가면 '시가총액'

이 나옵니다. 우리나라 시가총액 1위 기업인 삼성전자부터 쭉 나와 있습니다. 투자하고 싶은 회사를 클릭하면 여러 정보가 나옵니다. PER와 배당을 주는 주식인지도 확인할 수 있습니다. 그런 다음 '재무'를 클릭합니다. 요약 재무제표에서 유보율은 기업이 얼마나 자신들의 영업 이익을 현금화 할 수 있는지를 알려주는 수치입니다. 그리고 'ESG'를 클릭해보기 바랍니다. 초보자일수록 시가총액이 높은 기업, 배당을 많이 잘 주는 기업, 유보율이 높은 기업, ESG를 잘 실천하는 기업 등에 투자하는 게 좋습니다. 처음에는 투자라는 생각보다 공부라는 생각으로 소액으로 접근하는 것이 좋습니다. 좀 더 상세한 기업 정보는 금융감독원 전자공시 사이트인 다트(dart.fss.or.kr)를 이용하는 게 좋습니다.

ETF 투자

ETF가 무엇인지는 앞에서 한 번 설명해 드렸습니다. 다시 한 번 반복해보면 간접투자의 형태로 한 바구니에 여러 회사의 주식을 담은 펀드를 말하며, 주식 시장에서 쉽게 사고팔기가 가능하며 현금화도 쉽습니다.

바로 앞에서 기업 정보를 검색하는 방법을 알려드렸습니다. 다만 이것만 봐서는 회사가 좋은 회사인지 아닌지 미래 성장성이 있는지 없는지를 판단하기가 참 어렵습니다. 그래서 초보일수록 리스크를 줄일 수 있는 ETF 투자가 유리합니다.

간접 투자는 여행으로 치면 패키지 여행을 가는 것과 같습니다. 보통 패키지로 여행을 떠나고자 하면 코스를 맨 먼저 보고 가이드가 있는지 없는지를 확인합니다. 가이드가 있는 패키지라면 당연히 가이드에게 수수료를 지급합니다. 그런데 이와 반대로 패키지 상품과 유사하지만 가이드가 없는 경우가 있습니다. 일종의 시티투어 같은 것입니다. 가이드는 없지만 미리 설계된 코스로 차가 다니면서 조금은 자유롭게 여행을 합니다. ETF가 바로 이런 투자입니다.

시티투어 운영 회사가 여러 곳이 있을 수 있는 것처럼 ETF도 같은 투자 상품이라도 운용사가 여러 곳일 수 있습니다. 대표적인 ETF로 KODEX200, TIGER200등이 있습니다. 여기서 KODEX(삼성자산운용), TIGER(미래에셋자산운용)는 운용사의 이름입니다. 그리고 200이라고 한 것은 코스피 대표 200개 종목에 투자를 한다는 뜻으로 동일한 여행 코스를 뜻합니다. 이렇듯 ETF에는 동일한 상품인데 운영사만 다른 경우도 있고 이름은 비슷하지만 실제로 보면 투자한 회사가 다른 경우도 있는 등 수많은 ETF가 존재합니다. 그래서 ETF마다 어느 회사에 어떤 비율로 투자하는지 설명서를 잘 읽고 투자 여부를 결정해야 합니다.

성장성이 높은 ETF를 고르는 방법의 하나로 우리 아이들을 잘 살펴보는 것을 추천해 드립니다. 미국인 두 청년이 스타벅스에서 만났습니다. 한 청년은 나이키를 신고 애플 워치를 차고 아이폰을 들고 집을 나섰고, 한 친구는 룰루레몬 레깅스를 입고 크록스를 신고 만났습니다. 이들은 커피를 마시며 인스타그램에 자신들의 사진을 올렸습니다. 지금 이 사진 안에는 앞으로 어떤 기업들이 성장할지 예측할 수 있는 힌트가 다 들어가 있습니다. 미국의 한 투자은행의 조사에 의하면 미국 10대들이 가장 선호하는 의류 브랜드 1위는 나이키라고 합니다. 그리고 87%가 아이폰을 가지고 있으며 넷플릭스를 즐겨보며 인스타그램을 많이 이용한다고 합니다. 10대들이 많이 사용하는 브랜드 제품이면서 우리가 잘 알고 있는 회사들이 포함된 ETF에 관심을 갖는다면 향후 좋은 투자 성과를 얻을 수 있을 것입니다.

달러 투자

우리나라의 대표 수출품이 반도체, 자동차라면 미국은 달러가 대표 수출품입니다. 앞에서도 여러 번 말씀 드렸지만 세계 경제를 이해하기 위해서는 달러의 속성을 잘 아는 것이 필요합니다. 미국은 자국의 경제가 좋지 않을 때 경제 회복을 위해 달러를 찍어내어 전 세계로 흘러가게 양적완화(量的緩和, 돈의 양을 늘림)를 합니다. 그리고 전세계적으로 달러가 넘쳐

날 때쯤 금리를 올리면서 서서히 달러를 거둬들입니다. 이것을 경제 용어로 '테이퍼링'(Tapering, 수돗물 잠그기)이라고 합니다. 이러한 통화 정책의 변화는 달러 가치를 오르락내리락하게 만듭니다.

달러가 오르든 말든 해외여행도 쉽지 않은 상황에서 나와는 상관없는 일이라고 생각할 수도 있는데, 그렇게 생각하면 안 됩니다. 왜냐하면 우리가 타고 다니는 자동차에 들어가는 휘발유, 매일 사 먹는 과자 등에 쓰이는 밀가루 등이 모두 달러를 통해 들어오기 때문입니다. 즉 우리의 모든 일상생활이 달러와 관련되어 있다고 봐야 합니다. 자원이 부족한 우리나라는 원자재를 수입해 이를 가공하는 일을 잘합니다. 이 가공품에 부가가치를 붙여 해외로 수출을 하는 나라입니다. 수출을 위해서는 결제 통화로 달러를 사용하지 않을 수 없습니다. 그래서 달러에 대해서는 항상 촉각을 곤두세우고 있어야 합니다.

달러에 관심을 갖고 달러에 대한 공부를 하기 위해서는 직접 달러 투자를 해보는 방법이 가장 좋습니다. 달러 투자라고 하면 은행에 외환 통장을 만들고 원화를 달러로 환전해서 넣고 만기가 되면 원화로 다시 돌려받는 방법이 있습니다. 이때 환율에 따라 금액이 달라집니다. 그리고 달러를 갖고서 해외주식 투자를 해보는 방법도 있습니다. 증권회사에서 해외주식 계좌를 만들고 원화를 달러로 환전해서 해외주식 거래를 시작하는 방법입니다(국내주식 해외주식 모두 가능한 계좌도 있습니다).

주식 초보자들은 세계 1등 기업이나 배당을 주는 회사들을 찾아 덜 위험하게 시작해야 합니다. 요즘은 모바일 앱으로도 간단하게 해외주식 투자를 경험해볼 수도 있습니다. 해외주식의 경우 한 주당 가격이 어마어마한데 이를 천원, 만 원으로도 살 수 있습니다(소수점 단위로 주식을 매매). 그래서 돈이 없어서 투자를 못한다는 얘기도 옛날 얘기입니다. 이제는 누구나 손 쉽게 앱 하나를 열어서 국내주식 투자하듯 해외주식을 살 수 있습니다.

암호화폐 투자

코로나로 인한 경기 침체를 우려한 정부는 시중에 많은 돈을 풀었습니다. 돈을 풀자 사람들은 좀 위험하지만 큰 수익을 낼 수 있는 곳으로 몰려갔습니다. 안전한 금 대신에 위험자산이고 변동성이 큰 암호화폐로 돈이 몰려갔고 지금도 급등과 급락을 반복하고 있습니다.

점점 더 디지털로 바뀌는 세상을 보면서 암호화폐에 관심을 가지지 않을 수가 없습니다. 하지만 암호화폐에 투자하는 것은 아직은 위험한 일이다, 라고 생각하는 분들도 많습니다. 이는 미래를 예측하는 능력에 해당하는 일이기 때문에 어느 누구도 정답을 알지 못합니다. 하지만 세상이 디지털로 바뀌는 걸 보면 그냥 무시 할 수는 없습니다. 그런 점에서 볼 때 흐름을 읽는 수준에서 투자를 한 번 해보는 것도 괜찮은 방법이라 생각합니다.

암호화폐로 대표적인 것이 바로 비트코인과 이더리움입니다. 비트코인과 이더리움 같은 메이저 코인을 뺀 나머지들은 알트코인이라고 합니다. 알트코인은 그 종류만도 8천 개 이상이라고 합니다. 암호화폐의 특징을 살펴보게 되면 먼저 탈중앙화를 가장 중요하게 꼽을 수 있습니다. 중앙은행이나 금융 회사를 끼지 않고 금융 거래를 할 수 있다는 뜻입니다. 그리고 무제한으로 발행하는 것이 아니라 프로그램에 의해 일정량만 발행할 수 있어 희소성이 있습니다. 그리고 블록체인 기술을 기반으로 하고 있습니다.

블록체인 기술은 거래자의 거래 내용을 연결된 모든 사람들과 공유해 위변조가 어려운 기술입니다. 이 기술을 민간에서만 눈독을 들이는 건 아닙니다. 최근에는 중앙 정부가 나서서 중앙 은행이 발행하는 디지털화폐를 추진 중입니다. 이를 중앙은행 디지털화폐라고 해서 CBDC(Central Bank Digital Currency)라고 합니다.

우리가 쓰는 돈이 디지털화폐로 변해가는 과정에 있습니

다. 우리 정부도 디지털화폐인 디지털원화를 만든다고 합니다. 그와 별도로 기업들이 만드는 암호화폐도 있습니다. 네이버는 라인, 카카오톡은 클레이튼이라는 암호화폐를 만들었습니다. 디지털 세상이니 돈 자체도 디지털로 변화하고 있는 것입니다. 이러한 흐름을 읽으면서 암호화폐의 대장주 격인 비트코인과 이더리움 또는 여타 유명 기업들이 만든 코인에 투자해보는 것은 변화하는 트렌드를 익히는 데 좋은 공부가 됩니다.

주식이 투자로 정착하는 데도 많은 시간이 걸렸습니다. 암호화폐 역시 하나의 투자자산이 되려면 앞으로 많은 시간을 필요로 할 것입니다. 저희 같은 초보자들은 무리하지 않는 범위 내에서 투자하는 것이 좋으며 직접 투자하는 것이 겁난다면 암호화폐의 기술인 블록체인이나 전자지갑 관련 기업에 관심을 가져보는 것이 좋습니다.

그리고 요즘 자주 등장하는 NFT(Non-Fungible Token, 대체불가능 토큰) 개념도 추가로 설명드리고자 합니다. 디지털경제에 디지털 머니가 있다면 디지털화된 자산도 있을텐데, 이 디지털 자산을 증명하는 것이 NFT입니다. 앞서 암호화폐 얘기를 하면서 비트코인 아니면 이더리움이라고 말씀드렸는데, 비트코인은 최초라는 상징성 때문이지만 이더리움이 관심을 끌게 된 이유에는 NFT가 이더리움을 기반으로 하고 있기 때문입니다. NFT는 일종의 스마트 증명서로서 이더리움 블록체인에서만 발행됩니다. 디지털화된 동영상이나 그림 파일 등은 복제가 쉬워 원본이란 개념이 약한데, NFT는 원본을 지정한 다음 그것에 가치를 부여하는 것입니다. 자산을 디지털 토큰화하는 것, 그런 다음 대체가 불가능하도록 만드는 것, 쉽게 말해 디지털 그림이나 영상 등을 블록체인에 기록해 각각의 고유한 표식을 부여하는 것이라 할 수 있습니다. '이 영상 원본의 주인은 나다'라는 것을 표시하여 소유권을 인정받는 것입니다. 이처럼 원본과 사본을 구분할 수 있는 수단이 바로 NFT입니다.

암호화폐가 디지털 돈이라면 NFT는 디지털 자산의 등기부 등본입니다. 국내에서 간송 미술관이 훈민정음 해례본을 NFT로 100개를 제작해 1개당 1억 원에 팔았다고 합니다. 사람들이 이걸 사는 이유는 희소성이 있는 디지털 자산에 투자하는 것이 이득이 된다고 생각하기 때문입니다. 디지털 자산의 소유권을 블록체인 기술로 저장해서 위변조가 불가능한 가상 자산을 만들고 이것에 투자하는 것입니다. 현재는 미술품, 음악, 게임 아이템, 문서 등이 NFT로 거래되고 있습니다. 암호화폐나 NFT는 아직 대중화된 투자라고 말하긴 어렵지만 모든 것이 디지털로 바뀌는 시대에 그 개념만이라도 확실히 알아두면 좋을 것 같습니다.

부동산 리츠 투자

부동산 투자하면 큰돈이 필요하다고 생각합니다. 하지만 적은 돈으로도 부동산에 투자할 수 있는 '리츠'라는 것이 있습니다. 여러 사람들이 공동 구매하면 노른자 땅의 거대 빌딩도 저렴하게 살 수 있는 일종의 부동산 공동 구매입니다. 리츠(Real Estate Investment Trust, 실물부동산 투자신탁)는 리츠 회사에서 관리합니다. 따라서 리츠에 투자한다는 것은 리츠 회사의 주주가 되는 것을 말합니다.

리츠 역시도 주식 형태로 증권 시장에서 거래할 수 있기 때문에 사고파는 매매가 쉽습니다. 리츠는 부동산을 통해 이익과 수익이 발생하면 이를 배당 형식으로 투자자에게 나눠줍니다. 부동산에 직접 투자하려면 큰돈이 필요하고 현금화에도 많은 시간이 걸리지만 리츠는 적은 돈으로 쉽게 투자가 가능하고 매매가 쉬워 현금화에도 편리합니다. 그리고 부동산 전문 회사가 직접 관리하고 정부 기관인 국토교통부의 감독을 받기 때문에 부동산에 직접 투자하는 것보다 훨씬 안전합니다. 그리고 배당도 은행 이자보다 높은 편입니다.

금 현물 투자

일반적으로 사람들은 금을 안전 자산이라고 생각합니다. 그래서 금융 위기가 오면 안전 자산인 금으로 돈이 이동합니다. 금을 사려면 금은방에 가서 실물을 사야 하는 것으로 생각하는 분들이 많은데 금투자도 증권(금 현물)계좌를 통해서 할 수 있습니다. 즉, 금 현물 계좌를 열고 1그램씩 금을 살 수 있습니다. 주식계좌가 있다면 여기에 금 현물 계좌를 하나 더 만들고 시세에 따라 금을 1그램씩을 매수할 수도 있습니다. 이 외에도 금ETF는 주식처럼 금 투자를 할 수 있는 상품입니다. 금이 안전 자산이라고는 하지만 변동성은 있어서 매일 금 시세는 변합니다.

우리가 쉽게 할 수 있는 다양한 투자를 통해 자본이 스스로 일하게 하는 방법을 살펴보았습니다. 금융 시장은 여러 가지 요인에 따라 요동치는 게 현실입니다. 그래서 어떤 상품이 어떤 이유로 그 가치를 더할지 반대로 그 가치가 떨어질지 알 수 없습니다. 그래서 어떤 상황이 되더라도 내 돈이 알아서 일할 수 있도록 성격이 다른 형태의 다양한 자산을 담아두는 것이 중요합니다.

저의 투자 마인드는 기본적으로 위험을 기피하고 안전을 추구하는 성향입니다. 저처럼 대부분의 기성세대는 투자에 대해 부정적 인식이 강했습니다. 어릴 때부터 끊임없이 절약과 저축을 교육받고 투자는 위험한 것이라고 배웠기 때문입니다. 하지만 돈의 가치는 꾸준히 추락하고 열심히 저축해도 현상 유지가 어려운 세상이 되었습니다(그래도 저축은 반드시 해야 합니다. 그 이유는 앞에서 여러 번 말씀드렸습니다). 젊은 부모들은 더이상 저축만 고집하지 않습니다. 편리하자고 만들었던 현금이 더이상 편리하지 않게 되었고 디지털경제에 맞게 돈의 형태도 바뀌고 있습니다. 이 같은 변화의 흐름을 이해하고 돈에 대한 자신의 기준을 마련하고, 이에 맞는 유연한 삶의 태도가 필요한 때입니다.

⑱ 평생 일하는 습관

평생 즐겁게 일하라

저는 학부모나 성인을 대상으로 경제 교육도 하지만 주로는 청소년을 대상으로 경제 교육을 합니다. 그런데 언제부터인가 한계를 느끼기 시작했습니다. 한 번은 젊은 강사들과 수업을 같이 나갔는데, 옆 반에서 학생들의 열광하는 소리가 들렸습니다. 강의는 시작도 하지 않았는데, 젊은 선생님을 보기만 해도 아이들에게는 에너지가 생기는구나 싶어 의기소침해지는 마음이 들었습니다. 그리고 간혹 학생과의 질문 답에서 내가 알아듣지 못하는 그들의 언어로 이야기하거나, 아무리 이해를 하려고 해도 어쩔 수 없이 아이들과 생각이 부딪힐 때면, 내가 이 일을 계속하는 게 맞나 싶은 생각을 하기도 했습니다.

프리랜서 강사, 말이 좋아 프리랜서지 내가 부단히도 노력해야 하는 일입니다. 누구도 나에게 지속적인 일을 주지 않습니다. 이 같은 불확실성은 언제나 저를 위기 의식 속에 있게 합니다. 저는 최근 벤치마킹 대상인 김미경 강사의 유튜브 영상을 보면서 소개해주는 책도 읽고, MKYU(김미경 강사가 대표로 있으며 대학 컨셉으로 운영하는 평생교육원) 온라인 대학도 등록해서 열심히 '김미경 따라하기'를 하고 있습니다. 김미경 영어 챌린지도 함께 하고 있으며 인스타도 시작했습니다. 그리고 책 『김미경의 리부트』를 읽으면서 디지털 트랜스포메이션과 온라인에서의 스몰 비즈니스의 중요성도 깨닫고 하나씩 실천에 옮겨보고 있습니다.

우리는 이제 대부분의 경제생활을 온라인에서 하고 있습니다. 오프라인에서 완전히 디지털로 넘어왔다고 할 정도입니다. 생활이 바뀌고 돈의 형태가 바뀌어 가고 있으니 저의 생각도 바꾸려고 합니다. 그동안 오프라인에서만 활동하던 강사였는데, 이제 저도 디지털 환경에서 나를 알리고 그 안에서 비즈니스를 할 수 있는 상황을 생각하고 있습니다. 그래서 그동안 15년 이상 해온 경제 교육과 용돈 교육의 아이디어들을 돈, 부자, 재테크 등의 키워드로 연결시키고 업그레이드

하는 고민을 하고 있습니다. 필연적으로 제 콘텐츠의 구독자가 청소년에서 사회초년생, 성인, 학부모로 바뀌어 가는 것이라 할 수 있습니다. 최근 그렇게 생각하고 새롭게 시작한 것이 멘토링입니다. 이는 그동안 표준 교안을 가지고 수동적으로 수업해왔던 방식에서 벗어나 나를 브랜드화하고 능동적인 '인디펜던트 워커'로 변신하는 것을 의미합니다.

최근에는 틱톡, 유튜브, 인스타에 경제 상식과 경제 정보 영상을 올리고 '경제습관 멘토링'이라는 오픈 채팅방을 만들어 참여하시는 분들이 올바른 경제 습관을 가질 수 있도록 멘토링을 해주고 있습니다. 여기서 말하는 경제 습관이란 자산 포트폴리오(자산배분)를 만들고, 나도 일하고 내 돈도 일하는 시스템을 만드는 것을 말합니다. 이것이 바로 부의 시스템입니다. 사실 이런 일은 그동안 15년 넘게 해 온 제 일의 확장판입니다. (이 책의 맨 뒤편에 오픈 채팅방으로 갈 수 있는 안내를 해 두었습니다.)

몇 년 전 남동생이 음식점을 오픈하면서 몇 개월 동안만 잠깐 주방에서 일할 사람을 찾는다며 주변에 누구 일 할 만한 사람이 없느냐고 저에게 물어왔습니다. 잠시 생각해보니, 아들 셋을 키우며 살림하는 친구가 생각났습니다. 결혼 전에는 직장을 다녔지만 지금은 아이를 키우며 주부로 살고 있는 친구였습니다. 친구에게 전화해서 일할 의사가 있는지 물어보았습니다. 친구네 동생 가게이고, 애들 학교 보내고 3~4시간 정도 일하는 거니 나쁘지 않다고 생각한 친구는 오케이를 하고 동생네 가게에서 일을 하기 시작했습니다. 그렇게 6개월 이상 일을 했습니다. 그리고 그만두면서 자신이 전공한 원래의 일을 하고 싶어 전공 분야의 일자리를 알아보기 시작했습니다. 주부로만 살고 있던 친구는 작은 일을 시작하면서 새로운 시작에 용기를 냈던 것이었습니다. 그러더니 결국 자신의 전공을 살린 직장을 구했습니다.

직장에서도 자신보다 어린 사람들과 일하는 것이 쉽지 않고 새로운 업무 환경에 배워야 할 것도 많았을 텐데 열심히 직장 생활을 하더니 지금은 직장을 나와 자신의 사업을 준비하고 있습니다. 가끔 전화를 하면 온라인 미팅이 있다고 하고, 밤새 동영상 작업을 했다고 하면서 바쁜 일정 속에서 열심히 살고 있는 소식을 전해줍니다. 그 친구를 보면서 작은 불씨 하나가 이렇게 멋진 원동력이 될 수 있구나를 새삼 느꼈습니다. 무엇이든 일단 시작해보는 것이 중요합니다. 아주 작은 일이라도 실행을 하면 그것이 나비효과가 되어 생각지도 못한 일을 하게 해줍니다.

여전히 많은 사람들이 부자를 꿈꾸고 부자가 되기 위해서는 무슨 일이라도 하겠다고 말합니다 하지만 대다수의 사람들은 일만 하는 기계 같은 삶이 아니라 여유 있고 자유로운 행복한 삶을 추구합니다. 평생 직장 생활을 하고 있는 남편을 보면 안쓰럽기도 하고 고맙기도 하고 여러 생각이 듭니다. 평생 공무원 생활을 하는 친구를 봐도 같은 마음입니다. 항상 일에 치여 가며 직장 생활에 전력 질주를 하며 달려왔는데, 남은 것은 만성 피로로 지친 몸과 흘러간 세월 앞에 힘없이 서 있는 자신뿐이라는 걸 생각하면 안타깝고 시간이 야속하다고 합니다. 하지만 저는 압니다. 이들이 은퇴한다고 해서 평생 놀지 않으리라는 것을요.

오래 사는 세상에 오랫동안 일하는 것은 어쩌면 당연한 일이 되었습니다. 은퇴하고 나서부터는 전력 질주가 아니라 경제적 걱정은 조금 덜어내고 여유롭게 일상을 즐기며 일하는 모습으로 바뀔 것입니다. 그런 이유로 평생 일을 하는 것이 자식을 위하는 것이어야 할 이유가 없습니다. 우리 노후와 평안한 남은 생을 위하는 것이라는 것을 절대로 잊어서는 안 됩니다. 은퇴 생활이 해지는 노을처럼 아름다울 것이라는 환상은 없어도 고단한 삶으로 마감하지는 않아야 합니다. 나이에 맞는 수입을 벌 수 있는 정도면 됩니다. 생각 없이 지내다 보면 어느 날 갑자기 노후를 맞게 됩니다. 그래서 무엇을 하든 내 일을 찾는 것이 중요합니다. 돈을 벌기 위해서 뿐만 아니라 건강을 위해서, 사람들과 관계를 맺으며 외롭지 않기 위해서, 그리고 세상에 쓸모 있는 사람이라는 자존감을 위해서 내 일을 하는 것이 중요합니다. 저는 가장 확실한 노후 준비는 적은 수입이라도 벌면서 계속해서 일을 이어 나가는 것이라고 생각합니다. 평생 일하려면 지금부터 하나씩 준비해야 합니다. 경제 흐름을 이해하고 건강을 잘 관리하고 무엇보다 디지털 세상을 두려워 말아야 합니다.

파트 타임, 임시직, 프리랜서를 긱 워커(Gig Worker)라고도 합니다. 긱은 '재즈 연주' '일시적인 일' '재즈 연주가로 일하다'의 뜻을 갖고 있는 단어입니다. 이 말은 1920년대 미국 재즈 클럽에서 유래되었습니다. 클럽에서는 노래 반주를 해주는 세션이 필요한데 매달 월급을 주면서 세션 팀을 운영하기에는 경제적 부담이 커서 공연할 때만 필요한 연주자를 섭외했습니다. 이처럼 디지털경제의 모바일 환경에서도 긱 워커에 의한 긱 경제가 일반화되어 가고 있습니다. 기업 입장에서는 평생 직원을 고용해서 급여와 퇴직금을 지급해야 하는 부담에서 자유로울 수 있고, 근로자 입장에서는 평생 한 직장에 얽매여서 업무상 얽히고설킨 업무 스트레스에서 벗어날 수 있습니다. 고용자나 피고용자나 서로의 필요에 의해 적합한 계약을 하고 프로젝트를 마치면 고용관계는 종료됩니다.

그런데 이렇게 되면 프로젝트가 끊이지 않고 들어와야 하고, 내가 하는 일이 대체 불가한 일이 되어야 나의 가치는 높아집니다. 즉, 누구나 할 수 있는 일이 아니라 나만 할 수 있는 일이어야 한다는 뜻입니다. 하지만 이는 보통 사람들에게는 쉬운 일이 아닙니다. 긱 노동자로 대표적으로 꼽는 배달일은 오토바이 운전만 가능하면 누구나 할 수 있는 일이고 쉽게 대체 가능한 일입니다. 그래서 이들에게 긱 경제는 불안한 미래입니다. 하지만 유명 개발 이력을 가진 누군가는 휴양지에서 바다를 바라보며 코딩을 하고 이를 온라인으로 전송하며 일을 합니다. 이들에게 긱 경제는 새로운 기회이자 경제적 자유의 상징과도 같습니다. 이처럼 긱 경제에도 명과 암이 분명합니다.

나는 앞으로 어떤 모습으로 평생 일할 것인가? 누구에게는 더 많은 기회를 주는 세상이 될 것이고, 누구에게는 적응하기에 바쁜 세상이 될 것입니다. 세상의 변화 앞에서 자기주도권과 자기 방향성을 찾는 것이 중요합니다. 내 삶에 기대감을 갖고 새로운 경제생활 속에서 무슨 일을 하며 소득을 만들어 낼지 생각해보아야 합니다. 나의 노동가치를 높일 수 있는 방법을 찾아보아야 합니다.

⑲ 경제적 자유를 얻는 습관

삶을 누려라

    몇 년 전만 해도 외국인만 보면 말을 걸고 싶은 욕구가 하늘을 찌를 때가 있었습니다. 하루는 지하철을 타고 가는데 외국인이 옆에 앉았습니다. 외국인에게 '말을 걸어, 말아?' 두어 정거장이 지날 때까지 고민했습니다. 드디어 큰 결심을 하고 입을 떼어 말했습니다. "Hi! Hello?" 이어서 어느 나라에서 왔는지 물어보려는 차, 그 외국인이 벌떡 일어나더니 이번 정류장에서 내린다고 하면서 가버렸습니다.

    열심히 하지 않으면서도 영어를 잘하고 싶은 마음은 늘 저를 괴롭힙니다. 제가 하는 일이나 제가 처한 환경이 영어를 쓰는 것도 아니고 영어를 잘해야 한다는 절실함도 없다보니 매번 결심만 있고 어떤 계기도 없이 그저 그런 실력으로만 살아왔습니다. 어떻게 하면 영어로 말할 수 있는 환경을 만들지 고민을 하다가 외국인과 채팅할 수 있는 앱을 찾았습니다. 그러다가 벤이라는 미국인 친구를 알게 되었습니다. 영어를 알려주는 팟캐스트를 하고 있고 아이들을 위한 동화책을 쓰는 작가였습니다. 벤은 한국에 관심이 많았고 한국어도 잘했습니다. 우리는 채팅 공간을 이용해 나는 영어를 물어보고, 벤은 나에게 한국어를 물어보는 식으로 인연을 이어왔습니다.

그러던 어느 날 제가 사는 서울 **구에서 청소년 국제교류 프로그램에 학부모 자원봉사를 신청하여 미국(워싱턴주 타코마, 시애틀 바로 옆에 위치)에 갈 기회가 생겼습니다. 주중에는 구청 직원들과 학생들이 다니는 미국 학교에 다니며 업무 보조를 하고, 주말에는 숙소에서 자유롭게 지낼 수 있는 프로그램이었습니다. 아이들이 어렸을 때 시애틀로 3개월 동안 홈스테이 갔던 이래로 두 번째 미국 방문이었습니다. 저는 방문 사실을 벤에게 알렸습니다. 벤은 자신이 사는 곳이 시애틀이라 주말에 제가 있는 숙소로 찾아오겠다고 했습니다. 그렇게 우리는 상봉(?)을 했습니다. 처음에는 무슨 얘기를 나눠야 하나 걱정도 많이 했지만 그간 있었던 이야기를 즐겁게 나누고 헤어졌습니다. 너무나 신기한 경험이었습니다. 한국에 관심이 많고 특히 K팝을 좋아하는 벤과는 지금까지도 채팅을 하며 친구로 잘 지내고 있습니다.

그리고 코로나가 터지기 얼마전에는 서바스(Servas)라는 프로그램을 통해서 알게 된 미국 회원들을 만나기도 했습니다. 서바스는 늦은 밤 TV를 보다 우연히 알게 된 단체인데, 중년의 한국 여성이 남아프리카 공화국에서 현지 문화 체험을 하는 모습을 보았습니다. 저도 그녀처럼 해보고 싶어 해당 단체를 알아보고 회원 가입을 했습니다. 이후 이 단체를 통해 한국을 방문한 외국인 친구들을 만나 종종 대화할 기회를 얻었습니다. 이렇게 하나둘 외국 친구들을 만나다 보니 영어 공부의 목적도 하나둘 늘기 시작했습니다. 그러면서 영어를 알아듣고 싶다는 막연한 욕구에서 나도 영어로 말하고 영어로 강의하고 싶다는 목표가 생기기 시작했습니다. 그래서 이제는 내가 돈을 벌고 돈을 모으는 이유 중 하나로 여러 나라에서 살아보면서 다른 나라의 사람들과 소통해보는 것도 포함되어 있습니다.

온라인 세상을 통해 세계 어느 곳까지도 연결될 수 있는 요즘, 그 고리 역할을 하는 것이 영어임에는 두말할 나위가 없습니다. 저의 롤모델인 김미경 강사의 영어 챌린지를 함께 따라 하며 『그릿』의 저자 엔젤라 교수의 강의를 외워서 읽고, 오바마 연설 중 일부를 따라 하고, 『김미경의 리부트』 영어판

책을 끝까지 따라 읽으며 인스타그램에 인증 영상을 올렸습니다. 지금도 MKYU의 영어 수업을 들으며 영어공부를 하고 있습니다. 그러면서 마스크를 벗는 날, 외국으로 1년 동안 어학연수를 다녀올 것을 목표로 삼고 있습니다. 제 나이 55세 이전에는 꼭 할 수 있도록 준비해보려고 합니다.

늦은 나이에 무언가를 도전하는 것이 쉽지는 않습니다. 굳이 고생하면서 잘 돌아가지도 않는 머리를 써가며 내가 왜 공부를 해야 하나 때로는 의지가 꺾이기도 합니다. 하지만 온전히 나를 위한 시간을 갖고 나를 위한 공부를 하며 나의 성장을 생각하는 것이 경제적 자유를 위한 첫걸음임을 잘 알고 있습니다. 경제적 자유라 하면 대부분 돈만 생각합니다. '경제적'이라는 말 안에는 돈이 포함되기 때문입니다. 하지만 저는 돈 이외 자신의 인생 기준을 정하는 것도 포함된다고 봅니다. 그런 관점에서 볼 때 영어를 공부하고 세계 사람들과 소통하고 그럴 수 있도록 수입을 꾸준히 만드는 것이 저에게 있어서의 경제적 자유입니다.

구글에서 '경제적 자유'를 뜻하는 영문 'Financial Freedom'을 검색하면 다음의 이미지가 나옵니다. 이 그림에 따르면 경제적 자유는 시간을 사는 것이고, 가치 주도적이며 목표 지향적이며, 자신을 위해 먼저 지불하는 것입니다. 경제적 자유는 돈을 투자하는 것이고, 재정적 계획을 갖는 것이며, 삶의 확

Financial Freedom	Debt
Buys Time	Wastes Time
Net Worth Driven	Income Driven
Goal Driven	Work Driven
Pays Self First	Pays Others First
Success is Obligation	Success is Evil
Invest Money	Spend Money
Uses Debt for Investments	Uses Debt for Spending
Thinks With "Both"	Thinks With "One or the Other"
Has Financial Plan	Has a Budget
Expands	Contracts
Makes Things Happen	Things Happen to Them
Reads and Studies	Refuses to Study
Responsible	Blames Others
Attention on the Future	Attention on the Past
Thinks in Solutions	Thinks in Problems

Oberlo

장이고 공부이며 책임입니다. 그리고 미래에 집중하며 문제를 해결해가는 것입니다. 그런데 지금 내가 어디에 있는지 출발점을 모른다면 재정적 자유는 얻지 못하게 됩니다. 빚은 얼마나 되는지 필요한 돈을 얼마나 되는지 내 주머니 사정을 파악하고 있어야 합니다. 그리고 돈을 긍정적으로 바라보아야 합니다. 경제생활에서 돈은 꿈을 이루고 에너지를 충전하며 스트레스 없이 즐길 수 있는 삶을 사는 데 도움이 되는 도구입니다. 그러나 경제적 자유는 그저 버는 돈을 많이 버는 것만은 아닙니다. 살아 있는 동안 새로운 경험을 하는 것이며 삶에 대한 소유권을 주체적으로 갖는 것도 포함됩니다.

그동안 해왔던 자신의 일을 깊이 있게 들여다보고 성실하게 내공을 쌓다 보면 누구나 경제적 자유를 꿈꿀 수 있습니다. 경제적 자유를 누리기 위해서는 일상에서 내 자산을 잘 관리하고 작은 수입이라도 꾸준히 벌 수 있는 경제 습관으로 삶의 루틴을 짜는 것이 중요합니다. 저는 이것이야 말로 경제적 자유로 가는 중요한 로드맵이고 아이에게 물려줘야 할 부의 시스템이라고 생각합니다.

아이에게 돈을 모으는 방법도 알려줘야 하지만 진짜 아이를 위한 부의 세팅은 바로 이 같은 경제적 자유에 대한 관점을 물려주는 것입니다. 경제적 자유를 누리기 위한 습관은 스스로 자신의 핵심 가치를 이해하고 이를 키우기 위해 노력하는 것입니다. 남과 비교하며 더 좋은 차, 더 좋은 집은 궁극적인 목표가 될 수 없습니다. 삶을 주체적으로 살아가는 것, 그리고 그 삶을 누리는 것입니다.

넷플릭스 드라마 〈오징어 게임〉에 참여한 이들은 모두가 절박한 사람들이었습니다. 하지만 절박함만으로는 안 되고 전략이 있어야 했습니다. 이 전략의 역할을 하는 것이 바로 경제 습관이고 부의 시스템입니다. 하지만 우리는 잘 압니다. 실천만 하면 되는데 항상 그게 잘 안된다는 것을. 제가 읽었던 습관 관련 책 중에 『게으름이 습관이 되기 전에』가 있습니다. 이 책의 저자 스티브 스콧은 작심삼일의 실수를 반복하지 않으려면 중요한 일 몇 가지에만 집중하고 나머지는 신경을 끄라고 합니다. 그러기 위해 우리 앞에 놓여있는 수많은 일들 중에 무엇이 중요한지 골라내야 한다고 했습니다. 그리고 25-5의 법칙을 제시하면서 해야 할 일 25가지 중 5가지에만 집중하라고 했습니다. 그리고 5가지 활동을 고르기 위해서는 자신의 핵심가치를 알아야 한다고 조언했습니다.

제가 유튜브에 1주일에 하나씩 영상을 꾸준히 올리고 있지만 무기력해질 때가 있습니다. 그럴 때마다 내가 왜 이 일을 하는지 다시 생각해봅니다. 제가 영상을 올리는 이유는 다른 사람들에게 돈의 흐름을 볼 수 있는 정보를 제공하고 저의 경제 상식을 늘리고 강의의 경험을 쌓기 위함입니다. 영상을 올리는 목적과 이 일의 가치를 생각하면 보는 이가 없다 하더라도 또다시 영상을 올리게 됩니다. 그래서 이제는 빼놓을 수 없는 저의 습관이 되었습니다.

당장 눈앞에 어떤 결과물이 나오지 않으니 좌절할 수도 있습니다. 혹은 미루고 싶은 마음이 들 수도 있습니다. 저는 저의 핵심가치(나도 성장하고 타인의 성장도 돕는 경제 교육 강사)를 고려해서 다음의 다섯 가지를 매일 실천하고 있습니다. 이 습관들이 당장 부를 쌓고 재테크를 하는 데 도움이 안 될 거라 생각할 수도 있습니다. 하지만 부는 결국 돈의 흐름을 읽는 것에서 출발합니다. 돈의 흐름 읽기는 꾸준함에서 비롯되며 평생 해야 하는 것입니다. 오랫동안 지켜보고 관찰한 사람만이 다음 물줄기가 어디로 바뀔지 예상할 수 있습니다. 여러분도 저의 습관을 참고해서 여러분만의 습관을 만들면 좋겠습니다.

💬 경제적 자유를 위한 나의 다섯 가지 습관

1. 성경 읽기: 매일 성경 읽기가 쉽지 않으니 매일 15분 성경 공부를 도와주는 유튜브 영상을 본다.
2. 경제 공부: 경제 신문을 매일 읽으며 영상을 만들어 올릴 좋은 기사를 찾고 정리한다. 그리고 EBS 라디오 프로그램 <오천만의 경제생활>을 매일 듣는다.
3. 디지털 트랜스포메이션: 틱톡/유튜브/인스타/블로그에 올릴 영상을 준비하고 1주일에 한 번 올린다.
4. 영어 공부: MKYU 영어 수업 시청과 <EBS 파워 잉글리쉬>를 팟캐스트로 듣거나 미국 드라마를 영어 자막으로 시청한다.
5. 운동: 걷기 운동을 한다. 웬만하면 대중 교통을 이용한다. 이때 그냥 걷지 않고 경제 방송이나 영어 팟캐스트를 함께 듣는다.

⑳
행동으로 옮기는 실천 습관
지금 바로 행동으로 옮겨라

 마지막 꼭지입니다. 그동안 제 이야기를 경청해 주셔서 감사합니다. 이제부터는 실천입니다. 알고만 있고 행동으로 옮기지 않으면 아무 소용이 없다는 것 아시죠? 경제의 흐름을 읽고 아는 것도 중요하지만 생활에서 실행하지 않으면 경제 생활은 변화하지 않습니다. 매일 하나씩 미션을 수행하듯 20일 동안 경제 공부에 대한 기본 틀을 만들고 자신만의 루틴을 만들어 보세요.

 경제 공부나 투자는 평생 해야하는 것입니다 소비를 줄여서 조금씩 투자를 해보고 본격적인 투자는 씨드머니를 마련한 후 시작해도 늦지 않습니다. 지금 당장 돈도 없고 기반도 없는 데 따라할 필요가 없다고 생각하지 말고, 하나씩 해보면서 작은 루틴이라도 만드는 것이 중요합니다. 그리고 이 내용들은 그동안 앞에서 여러 번 반복하고 강조했던 것들입니다. 한 번씩 더 보면서 기억도 환기하고 어떻게 실천할지도 고민해보기 바랍니다. 경제 공부는 부자가 되는 기대감입니다. 기대감은 삶의 활력으로 연결됩니다.

그리고 실천에 자신이 없다면 제가 운영하는 카카오톡 단톡방(오픈채팅방)을 방문해서 다른 분들과 함께 해보세요. 그러면 더욱 꾸준한 실천이 가능해집니다. 이 책 맨 끝에 단톡방으로 갈 수 있는 QR코드를 안내해 두었습니다.

1일차: 가계부 앱, To-Do 리스트 앱 설치

총 두 개의 미션이 있습니다. 첫 번째 미션은 앱 스토어에서 가계부 앱을 다운받는 것입니다. 네이버 가계부, 편한 가계부 등 단순하고 간단하게 수입, 지출, 통계를 볼 수 있는 정도면 됩니다. 그리고 신용카드 사용 내역을 핸드폰 문자로 받아 볼 수 있게 신청합니다. 앱 설정에서 문자 설정, 문자 가져오기를 신청하면 자동으로 연동이 됩니다.

경제 흐름은 곧 돈의 흐름입니다. 먼저 내 돈의 흐름을 읽어야 합니다. 가계부를 쓰는 이유는 내 돈의 흐름을 보기 위함입니다. 즉, 가계부는 기록하는 데 목적이 있는 것이 아니라 보는 데 목적이 있습니다. 매일 볼 필요도 없습니다. 1주일에 한 번 정도 보면서 한 달에 한 번 정도 항목별 통계를 보면 됩니다.

두 번째 미션은 앱스토어에서 To-Do list 앱을 선택하여 설치하는 것입니다. 'to do list'라고 검색하면 꽤 많은 앱이 나옵니다. 그중 하나를 설치해서 이용하면 됩니다. 앱을 열고 매일 해야 하는 일을 기록합니다. 꼭 경제와 관련된 것이 아니어도 됩니다. 자기계발에 도움이 되는 것도 좋습니다. 하루를 계획하고 계획대로 실천하는 습관을 만들기 위함입니다. 리스트에서 내가 한 일들을 지워 나가면 점점 뿌듯함을 느낄 수 있습니다. 매일 루틴이 주는 성취감을 일상에서 소소하게 느껴보는 것이 핵심입니다. 리스트는 아침에 눈 뜨자마자 하루를 계획하면서 적어도 되고, 전날 밤에 내일 할 일을 미리 적는 방식도 좋습니다. 이 미션을 21일 동안 매일 진행합니다.

단톡방으로는 가계부 앱, To-Do 리스트 앱 설치 화면을 인증합니다.

2일차: 소비 생활 점검하기

가계부 앱과 To-Do 리스트로 기본 세팅을 하셨다면 이제 자기 점검을 시작해야 합니다. 다이어트를 시작할 때도 내가 얼마나 과체중인지, 지방은 얼마나 많은지, 근육은 어느 정도인지 알면 좀 더 정확한 체중 조절이 되는 것처럼 돈을 어떻게 쓰고 있는지 소비 점검도 필요합니다. 어떻게 돈을 더 벌까 보다 새는 돈을 어떻게 더 줄일 수 있을까 고민하는 것이 먼저입니다. 물이 계속 새는데 밑 빠진 독에 물을 부으면 소용이 없는 것과 같습니다.

먼저 지출 항목을 적어봅니다. 식비, 외식비, 옷 잡화 관련, 자동차 관련, 전월세 대출이자, 모임 회비, 용돈(부모님, 자녀), 경조사비, 보험료, 관리비, 수도전기요금, 교육비, 기부금, 핸드폰 및 통신 요금, 교통비, 매월 구독료(정수기, 넷플릭스, 멜론, 유튜브 등) 등. 이 중에서 굳이 안 써도 될 돈이 나가는 게 있는지 확인하고 어떻게 줄일 수 있는지 적어봅니다. 무심코 자동이체로 걸어 놓고 제대로 사용하지 않는 것들이 분명히 있을 것입니다. 한 달 만 원이면 일 년이면 12만 원이 절약됩니다. 생활 공구나 아이 장난감 등은 구매하기 전에 지방자치단체에서 운영하는 공유나 무료 대여 서비스가 있는지 검색해보는 것도 비용을 줄일 수 있는 방법입니다.

단톡방으로 오늘 점검한 내용 중 무심결에 나가고 있다고 판단되는 항목을 적어서 인증합니다.

3일차: 고정비 줄이기 액션하기

본격적으로 고정비 줄이기를 합니다. 어제 점검한 소비 지출 항목에서 실제로 어떻게 절약할지 액션을 취하는 날입니다. 예시로 전기요금, 수도요금, 통신비 등을 줄일 수 있는 정보와 이를 어떻게 구체적으로 액션 할 수 있는지 알려 드리도록 하겠습니다.

서울은 에코마일리지, 지방은 탄소포인트제를 이용하면 전기요금, 수도요금 줄이고 환경도 생각하고 마일리지를 적립해 유가 상품도 받을 수 있습니다. 지출도 줄이고 지구의 환경도 위할 수 있는 일석이조의 방법입니다. 에코마일리지(ecomileage.seoul.go.kr)는 회원가입 후 6개월간 에너지 사용량을 평가하여 에너지 절감률에 따라 마일리지를 지급합니다. 그리고 받은 마일리지로는 친환경 제품 등을 구매할 수 있습니다. 서울이 아닌 지역에서는 탄소포인트제(cpoint.or.kr)가 이와 유사합니다.

통신비를 줄이는 방법으로는 알뜰폰 요금제를 이용하는 것을 추천해 드립니다. 통신사의 각종 가족결합 할인 제도도 많지만 결합을 통해 할인 받겠다고 오히려 안 해도 될 구독형 서비스에 가입하거나 하는 것은 오히려 역효과를 만듭니다. 각종 프리미엄 콘텐츠 이용료를 구독형으로 내고 있다면 이것도 내가 실제로 이용하는 정도가 얼마나 되는지 따져 볼 필요가 있습니다.

단톡방으로 실제 고정비를 줄이기 위해 나는 오늘 어떤 액션을 했는지 자신의 실천 사례를 인증합니다. 어떤 것이든 상관없습니다. 에코마일지나 알뜰폰 요금제 등은 예시일 뿐입니다.

4일차: 신발장, 옷장, 냉장고 정리하기

내 물건이 곧 나(나의 상태)를 표현합니다. 헝클어진 소비 라이프를 정리할 때 제일 먼저 해야 할 일이 내 소지품부터 정리하는 일입니다. 손쉽고 간단하게 시작할 수 있는 신발장부터 시작합니다. 당연한 얘기겠지만 신지 않는 신발부터 정리합니다. 그런데 정리하기 아깝다는 생각이 든다면 일단은 검은 봉투에 넣어서 보이지 않는 곳에 보관합니다. 그리고 1년이 지나도 안 찾는 신발이라면 그때는 과감히 정리합니다.

구매 후 이용을 잘하지 않게 된 물건은 해당 물건을 살 때 어떤 이유로 샀는지 생각해봅니다. 구매 시점과 사용 시점의 생각 차이는 왜 생겼는지 따져보면 쇼핑할 때 같은 실수를 다시 하지 않게 됩니다. 이런 사고방식은 아이들(특히 십대)에게도 반드시 가르쳐야 하는 쇼핑 팁입니다.

신발장 정리가 다 되었다면 냉장고, 옷장, 방 중 하나를 선택해서 정리합니다. 이때의 정리 방법은 신발장 정리와 동일

합니다. 하루에 이 모든 정리를 하기에는 힘이 들 수 있습니다. 따로 하지 못한 정리는 주간 단위로 별도로 하나씩 해결해 나갑니다.

단톡방으로는 정리한 모습을 사진으로 찍어 인증합니다. 간단한 필통 정리나 서랍 정리 사진도 괜찮습니다. 시작은 작게 하는 것입니다.

5일차: 내 금융 생활 한 눈에 보기

내 은행 계좌가 몇 개인지, 신용카드가 몇 개인지, 가입한 보험은 몇 개인지, 자동 이체로 어떤 것들이 자동으로 계좌에서 돈이 빠지는지 나의 대출 상황은 어떤지를 살펴보는 일을 합니다. 혹시 남편에게 일임했고 아내에게 일임해서 난 몰라도 된다고 생각하지 말고, 나도 기본적인 정보는 알고 있도록 해야 합니다.

그런데 이 모든 것들을 편리하게도 한 눈에 볼 수 있는 앱이 있습니다. 금융결제원의 '어카운트인포'라는 앱입니다(앞에서 소개한 것 기억나시죠?). 이 앱을 다운받아 내 금융 정보를 한 번 살펴보기 바랍니다. 아마도 깜짝 놀라실 겁니다. 신용카드나 체크카드는 한두 개로 정리하고 중복되는 보험은 없는지 불필요한 자동이체는 없는지 확인합니다. 나의 대출 상황도 살펴보고, 이자가 높은 것, 원금부터 갚아 나가야 할 것

등도 다시금 체크합니다. 돈이 들어오고 나가는 것을 단순하게 정리하는 것이 필요합니다.

오늘 단톡방 인증은 어카운트인포 앱 설치입니다. 앱을 설치한 사진을 인증합니다.

6일차: 통장 정리하기

최고의 성형이 다이어트이고, 최고의 인테리어는 정리라고 합니다. 그렇다면 부자가 되는 최고의 경제 습관은 무엇일까요? 바로 통장 정리입니다.

통장을 크게 세 종류로 나눕니다. 수입, 지출, 모으는 통장. 이렇게 세 가지로 최대한 돈이 들어오는 길, 나가는 길, 모이는 길이 심플해지도록 정리합니다. 보통은 월급 통장에 자동이체를 걸고 관리비나 보험료 등의 지출이 나가도록 함께 사용하는데, 수입과 지출은 통장을 분리하는 것이 좋습니다. 여건상 쉽지 않으면 자동이체 부분을 빼고 매월 생활비 예산을 정해 지출 통장에 한 번에 넣어 두고 돈을 씁니다. 이때 카드 비용이 빠지는 계좌는 당연히 지출 통장이어야 합니다. 이렇게 하면 한 달 지출액이 한 눈에 보입니다. 그리고 내가 예산을 초과하는 것인지 아닌지도 명확히 알 수 있습니다. 거짓말 같겠지만 이렇게만 해도 돈이 모이고 비용이 줄어듭니다.

예를 들어 한 달 생활비를 대략 계산해봅시다. 월 120만 원이 생활비라고 한다면 월급통장(수입)에서 소비통장(지출)으로 120만 원을 옮겨 놓습니다. 그리고 다시 저축, 대출금 통장으로 정해진 금액을 보냅니다. 이때는 자동이체라는 장치를 해 놓으면 자동으로 저축이 되고, 돈을 갚는 구조가 됩니다. 그런 다음 소비통장의 120만 원으로 한 달 생활을 합니다. 이 한도안에서 돈을 쓰는 습관을 들이는 것이 지출을 관리하는 방법입니다.

정말 간단한 방법입니다만 많은 가정에서 단지 귀찮다는 이유로 이 분리를 안 합니다. "우리는 원래 과소비 많이 안 해요"라고 스스로를 과신하면서 그냥 매달 비슷비슷한 생활을 이어갑니다. 그러면 결코 더 모을 돈도 더 모으지도 못하고, 안 써도 될 곳에 돈을 더 쓰는 일이 발생합니다. 생활비를 쓰고 남는 돈으로 저축하고 대출금을 갚겠다는 생각을 하면 절대 돈이 모이지 않는다는 것을 명심해야 합니다.

단톡방으로는 계좌를 나눈 사실, 필요한 이체 정리를 한 사실을 인증합니다. 계좌 번호를 가린 후 사진을 올립니다.

7일차: 대출 갚기 플랜 짜기

빚과 대출로부터 자유롭지 않은 게 현실입니다. 약간의 빚은 생활에 긴장감을 주고 열심을 살 수 있는 동기를 유발하기 때문에 좋은 빚이라고 할 수 있습니다. 하지만 좋고 나쁘고를 떠나 어쨌거나 부담스럽고 걱정되는 것이 빚이고 대출입니다.

대출이 있으면 대출의 종류는 무엇인지, 이자는 얼마를 내고 있는지, 만기 상환이 언제까지인지, 대출금을 중간에 갚게 되면 중도 상환 수수료는 얼마나 되는지 알아봅니다. 가장 이자 부담이 큰 대출은 무엇인지 살펴보고 그리고 언제까지 갚을 수 있는지도 계획을 세워봅니다. 그리고 어떤 대출을 가장 시급하게 갚아야 하는지도 생각해봅니다.

그리고 당장 할 수 있는 일은 아니지만, 성과급 같은 것으로 목돈이 생기면 원금 상환을 반드시 일부라도 갚는 것을 꼭 기억해 둡니다. 여유가 없다고 이자 갚기에만 골몰하게 되면 내 빚은 영원히 그대로인 채 나를 괴롭히게 됩니다. 중도상환 수수료를 물더라도 원금을 빨리 갚아가는 것이 중요합니다. 그리고 대출 이자에 대해서 월급이 오르거나 수입이 지속적으로 증가할 가능성이 있다면 대출 금리 인하를 요구하는 금리인하요구권을 신청할 수 있다는 것도 알아둡니다(금융회사에 전화로 문의).

오늘 단톡방 인증으로는 가장 시급히 갚아야 하는 첫 번째 대출이 무엇인지를 적어 올립니다. 즉, 성과급이 생겨 돈 갚을 기회가 왔을 때 가장 빨리 털어내야 할 대출을 정하는 것입니다. 이왕이면 배우자와 같이 상의를 해서 결정한다면 더 좋겠지요.

습관 8일차: 비자금 백만 원 만들기

저축이야기를 하면 옛날 사람 같고 시대에 맞지 않는 이야기 같지만 저축은 기본입니다. 무엇을 하든 시작할 수 있는 돈이 필요하니까요. 오늘은 종잣돈 백 만 원을 만드는 방법을 함께 실천해 보도록 하겠습니다. 만약 백만 원 만들기를 성공한다면 좀 더 큰 금액으로 목표치를 높일 수도 있습니다.

1년 만기 비자금(비상금) 통장을 만들어 봅니다(이왕이면 아무도 모르게). 나만의 비자금 백만 원이 무엇을 위한 용도인지 정하고 통장에 이름표를 달아줍니다. 그런 다음 인터넷 뱅킹으로 매일 3천 원씩 자동 이체를 해놓거나 관련 적금에 가입합니다(주 단위 상품을 가입하셔도 좋습니다). 이렇게 1년이면 1,095,000원이 모이게 됩니다.

돈 쓰는 건 쉬워도 모으는 건 고통입니다. 덜 고통스럽게 돈을 모으는 방법, 자동으로 돈이 모이는 시스템이 강제 저축과 자동 이체입니다. 구독경제의 시대 매달 몇천 원, 몇만 원씩 돈이 빠져나가는 시스템을 줄이고 매달 몇천 원, 몇만 원씩 돈이 모이는 시스템을 만들어야 합니다. 여유가 된다면 강제 저축할 수 있는 자동이체 시스템을 여러 개 만듭니다. 과소비는 들어봤어도 과저축은 들어보지 못하셨을 겁니다.

통장을 만들고 자동이체까지 걸었다면 해당 내용을 사진으로 찍어 인증합니다. 온라인으로 하셨다면 화면 캡처를 해도 좋고, 그렇지 않으면 통장을 찍어 사진을 올려도 됩니다. 귀찮지만 하고 안 하고는 하늘과 땅 차이입니다.

습관 9일차: 국내 주식계좌 만들기

주식 투자, 나는 이제 시작인데 벌써 많은 사람들이 재테크로 큰돈을 버는 것 같아 조바심이 나기도 합니다. 그러나 조바심은 재테크의 가장 큰 적입니다. 천천히 종잣돈을 모으고 경제 흐름을 읽는 단계를 거치고 한 계단씩 올라가야 합니다. 경제 위기와 기회는 반복되어 옵니다. 서두르지 말고, 조급해하지 말고, 준비된 자가 되어야 합니다. 재테크를 잘 모른다고 발만 동동 구르지 말고 지금부터 하나씩 해보면 됩니다.

내 돈이 일할 수 있는 시스템에서 가장 접근하기 쉬운 것이 주식 투자입니다. 주식 투자를 하려면 주식계좌부터 만들어야 합니다. 요즘은 비대면으로 손쉽게 만들 수 있습니다. 그런데 이걸 귀찮게 생각해서 아직까지도 안 한 분들이 있습니다. 주식계좌를 만드는 것은 운동하겠다는 마음을 먹고 운동화를 장만하는 것과 같습니다.

앱스토어에서 거래하고자 하는 증권사를 선택해 주식 거래 프로그램을 다운 받으시고 비대면으로 계좌를 만듭니다. 유튜브 등에서 '증권사 계좌개설 방법'이라고 검색해도 금방 따라 할 만한 영상을 찾을 수 있습니다. 따라하다 막히면 증권사 콜센터에 문의하면 됩니다.

계좌를 만들고 몇 만 원정도 입금을 해놓고, 단톡방으로 자신의 주식 계좌를 인증합니다. 이미 있는 분들이라면 자신의 계좌를 인증하면 됩니다.

습관 10일차: 해외주식계좌 만들기

주식 계좌를 개설했다면, 다음으로는 해외주식 계좌를 만듭니다. 해외주식은 거래시간이 우리나라와 달라 예약 주문을 하거나 서머타임 적용 시 밤 10시 30분부터 서머타임 적용되지 않을 때는 밤 11시 30분부터 거래를 할 수 있습니다. 해외주식을 개설하는 것이 처음엔 번거롭게 생각되기도 하는 데 실제로 해보면 생각보다 어렵지 않습니다. (국내 주식 계좌로 종합위탁 계좌가 있다면 따로 해외주식계좌를 만들지 않아도 됩니다. 단, ISA 계좌로는 해외주식 거래가 되지 않습니다.)

최근에는 1주 단위가 아니라 0.001주처럼 소수점 단위로 쉽게 원화로 해외주식을 거래할 수 있는 앱들이 많이 개발되어 있습니다. 해외주식은 1주의 가격이 몇백만 원 하는 경우가 많습니다. 그런데 이를 작게 쪼개서 사고팔기를 할 수 있게 해두었으니 무척 편리합니다. 초보자라면 이 방식을 이용하기를 권합니다. 기존 계좌를 이용하거나 앱을 통해 새롭게 계좌 만들기도 비대면으로 가능합니다.

단톡방으로는 해외주식 거래가 가능한 자신의 계좌를 인증합니다.

습관 11일차: 주식 1주 사보기

이제 직접 1주씩 사보는 일을 해봅니다. 평일 오전 9시에서 오후 3시 30분 사이에 주식 매매를 할 수 있습니다.

내 주식 계좌로 여유 자금을 이체합니다. 우리는 공부 겸, 투자 겸이기 때문에 많은 돈이 필요하지 않습니다. 10만 원에서 100만 원까지 자신의 공부 비용이라고 생각하고 적정 금액을 입금합니다. 학원비라 생각하셔도 됩니다. 묵혀둔 비상금을 이용하는 것도 좋습니다. 이제 종목 검색 창에서 사고자 하는 회사 이름을 검색합니다. 시가총액 순위를 보거나 내가 많이 이용하는 회사, 남들이 많이 이용하는 회사, 앞으로 전망 있을 것 같은 회사 등을 검색해봅니다. 누구나 알고 있고, 그 업종에서 1등 회사를 택하면 됩니다.

1주를 사면서 조금이라도 싸게 사려고 계속 시황을 보고 있을 필요는 없습니다. 그냥 지금 현재가로 사면됩니다. 많은 주식을 한 번에 매수 할 때는 현재가의 오르고 내림이 중요하지만 지금은 그렇지 않기 때문에 그냥 부담 없이 현재가로 사면 됩니다.

처음 써보는 앱이라 어디서 뭘 누르고 어떻게 매수하는지 모르겠다면 해당 앱을 유튜브에서 검색해보면 다른 분들이 사용법을 올려놓은 영상을 찾을 수 있습니다. 영상을 보고 따라해보면 됩니다. 일단은 매수 경험을 해보는 것이 목표인 만큼 매수 버튼을 잘 찾는 게 중요합니다.

단톡방으로는 자신이 구입한 첫 주를 사진 찍어 올립니다.

습관 12일차: 배당주 1주 사보기

어제와 같습니다. 오늘도 1주를 사는 것입니다. 다만 오늘은 배당을 주는 회사의 주식을 사보고자 합니다. 네이버에서 '네이버 금융'을 검색하고, 다시 '배당'을 검색하면 배당금 순위, 수익률 순위별로 배당을 주는 회사들이 나옵니다. 이 중에서 내가 알고 있고, 많은 사람들이 선호하는 회사를 하나 선택합니다.

우리나라는 결산일이 12월인 회사들이 많아서 12월 26일까지 주식을 보유하고 있으면 그다음 해에 배당을 받을 수 있습니다. 그래서 26일에 배당 때문에 주식을 샀다가 딱 하루를 보유하고 27일이 되면 다시 파는 경우가 있습니다. 이때 파는 사람들이 일시적으로 많아져 주가가 떨어지기도 하는데, 이를 '배당락'이라고 합니다. 배당 관련해서 알아두어야 할 경제 용어인 만큼 잘 기억해 둡니다. 몇몇 회사나 ETF는 연 1회가 아니라 분기마다 배당을 주는 경우도 있습니다. 배당을 언제 주는지 배당률이 어떻게 되는지 검색을 통해서 확인해보면 좋습니다.

오늘 사는 주식은 배당을 주는 유명 기업을 하나 사는 것입니다. 단톡방으로는 자신이 매수한 배당주 사진을 찍어 올립니다.

습관 13일차: ETF 1주 사 보기

ETF의 특징은 한 주에 몇십만 원씩 하는 시가총액 상위 기업들을 적은 금액으로 보다 안전하게 투자할 수 있다는 것입니다. ETF에 대한 설명은 앞에서도 몇차례 자세히 드린 바 있습니다.

증권사 앱에 들어가서 기업 종목 검색 창에 ETF라고 검색하면 수많은 ETF가 있다는 것을 확인할 수 있습니다. 특정 ETF를 선택한 다음, 해당 종목의 상세 설명 혹은 상품 정보 등을 클릭해보면 이 ETF가 어떤 기업들로 구성되어 있는지 확인할 수 있습니다. 어떤 ETF를 사야 할지는 딱 추천해주기에는 어렵지만 일단 가장 거래량이 많고 앞으로 발전 가능성이 높은 분야나 기업이 포함된 ETF를 사는 게 좋습니다. 해당 ETF는 검색을 통해 자세한 정보를 확인하고 매수 여부를 결정합니다.

단톡방으로는 내가 매수한 ETF 인증샷을 찍어 올립니다.

습관 14일차: 공모주 알리미 신청하기

공모주란 주식회사가 주식을 발행하여 자금을 마련하기 위해 기업을 공개하며 일반인 투자자들을 공개적으로 모집하는 것을 말합니다. 이때 주식을 사려는 사람들이 계약금을 걸고 사겠다는 약속을 하는 것이 공모주 청약입니다. 기업은 이때 자신의 회사가 어떤 회사인지 재무상태는 어떤지 모두 공개해야 하는데 이것을 기업의 IPO(기업 공개), 상장이라고 합니다. 기업이 상장을 하기 위해서는 까다로운 조건을 모두 통과해야 가능합니다.

오늘 실천할 것은 바로 공모주 알리미를 설치하고, 어떤 기업이 언제 어느 증권사(상장 기업은 지정 증권사를 통해서만 공모주 청약을 받습니다)를 통해 공모주 청약이 진행되는지 알림 정보를 얻는 것입니다. 저는 카카오톡을 통해 알림을 받습니다. 카카오톡에서 '카카오페이'를 클릭하고 '전체보기'에서 '공모주 알리미'를 신청하면 됩니다. 공모주 청약에서는 계약금을 증거금이라고 합니다. 만약 10주를 신청하고 싶으면 10주의 50%인 5주에 해당하는 금액을 계좌에 넣어두어야 공모주 신청을 할 수 있습니다. 증권사마다 배정된 증권 수량이나 청약 한도가 다르기 때문에 내가 몇 주를 신청할지 미리 확인해 두는 것이 좋습니다. 청약되지 못하면 증거금은 다시 원래 계좌로 돌아오게 됩니다. 알리미 신청을 하고 관심있는 기업이 상장을 하는지 눈여겨봅니다.

단톡방으로 '공모주 알리미' 신청한 것을 사진으로 인증합니다.

습관 15일차: 금 1그램 사 보기

금을 거래하기 위해서는 별도의 계좌(금현물계좌)를 추가로 개설해야 합니다. 은행에서 계좌를 열고 금을 매매할 수도 있지만 수수료가 좀 더 나가니 증권사에 기존 주식 거래 계좌가 있다면 이걸 이용해 '금현물계좌'를 개설합니다. 대형 증권사는 증권사 앱으로 비대면 개설이 가능하나, 몇몇 증권사는 영업점을 방문해야 하는 경우도 있습니다.

증권사 앱 메뉴에서 금 현물 메뉴로 들어간 다음 주식 거래를 하듯 살 수 있습니다. KRX금시장(한국금거래소)에서 금을 사면 매매차익에 대해 비과세가 된다는 것이 장점입니다. 세금이나 수수료 면에서 은행에서 금을 사는 것보다는 증권사 계좌를 통해 구입하는 것이 이익입니다.

안전 자산이라고 해도 금 역시 약간의 변동성은 있어 가격이 올랐다 내렸다 하니 장기투자를 할 생각으로 조금씩 사 모으는 것이 좋습니다. 일단은 공부라 생각하고 1그램만 매수해봅니다. 단톡방으로 금 1그램 매수한 사진을 인증합니다.

습관 16일차: 다양한 소득원 고민해보기

조금씩 소비를 줄이고 모은 돈으로 주식을 사고 금을 사모으는 시스템을 만들었다면, 이제는 내가 일하는 시스템이 잘 가동되고 있는지 생각해보아야 합니다. 특히 위기 시기에 고정 수입은 매우 중요합니다. 내가 일해서 벌어들일 수 있는 고정 소득을 만들거나 늘릴 생각을 해야 합니다. 금액이 많든 적든 고정적으로 생기는 수입은 기본입니다. 매월 받는 월급, 어디선가 들어오는 고정 소득은 작든 크든 간에 꼬마 빌딩주의 임대 수입과 같다고 생각하면 더 귀하게 느껴집니다.

기존 소득에서 파이프 라인을 하나를 더 늘릴 방법은 없는지 생각해 보고, 아직 소득이 없는 분들은 다른 사람의 문제를 해결해주며 거기에 돈까지 벌 수 있는 일은 없는지 생각해 봅니다. 이를 목표로 수입원을 만들되 적은 돈이라도 소득을 만들 수 있는 것을 찾아보는 것이 중요합니다.

단톡방에 추가적인 나의 고정 수입이 될 만한 후보에는 어떤 것들이 있는지 고민해보고 자신이 생각한 것을 단톡방으로 올립니다. 함께 습관을 실천하는 분들로부터 내가 생각한 것에 대한 다양한 정보를 얻을 수도 있습니다.

습관 17일차: 나눔과 기부 실행하기

돈을 잘 벌고, 잘 모으고, 잘 불리고, 잘 지키고, 잘 나누면 더할 나위 없이 좋겠죠? 돈으로 나눔을 실천해봅니다. 네이버에 '기부'라고 치면 각종 후원 단체가 나오고 정기 후원, 일시 후원 등이 있습니다. 검색해보고 적은 돈이라도 1회 기부를 실천해봅니다. 그리고 앞으로 월 1회 정기 기부도 고민해봅니다. 월 1천 원도 좋고 1만 원도 좋습니다. 커피 한잔 가격인 4천 원도 좋습니다. 내가 번 돈을 좀 더 가치 있게 쓸 방법을 생각하고 실행해보면, 돈을 벌고 모으는 이유와 의미 부여를 분명히 할 수 있습니다.

단톡방으로 나의 1회 기부를 인증합니다. 이미 기부를 하고 있는 분들이라면 어떤 기부를 하고 있는지 공개하셔도 좋습니다.

습관 18일차: 신용카드 결제일 바꾸기

신용카드를 쓰지 않을 순 없습니다. 대신 지혜롭게 이용해보는 방법을 찾아봅니다. 한 달 카드 사용액부터 정확히 따져봅니다. 자신의 한 달 카드 사용액이 얼마인지 모르는 사람이 많습니다. 대략 얼마다 정도로만 알고 있는데, 지난 1년 동안 평균 사용액이 얼마인지 점검해보고, 내 수입에 비해 적절한지도 생각해봅니다. 그리고 앞에서도 여러 번 말씀드린 것처럼 카드 결제일을 전월 1일부터 전월 말일까지 한 달 기준으로 사용액을 점검할 수 있도록 변경해 놓습니다.

단톡방으로는 나의 카드 결제일을 인증합니다.

습관 19일차: 선택과 집중의 To-Do 리스트

이제 남은 이틀 치는 앞서 했던 것들을 다시 점검하고 새로운 루틴을 만드는 날입니다.

지금까지 매일 해온 To-Do 리스트 쓰기를 점검해봅니다. 리스트를 보면서 반복적으로 했던 중요한 일이 무엇인지, 중요하지만 잘하지 못했던 일은 무엇인지 그 이유를 생각해봅니다. 반대로 매일하고 있는 일이지만 의미가 없는 일이 있다면 그것이 무엇인지도 생각해보고 과감하게 '잔가지치기'를 합니다. 바로 선택과 집중의 시간입니다. 단톡방으로는 무엇에 더 집중할 것인지, 반대로 무엇을 가지치기할 것인지 적어 올립니다.

습관 20일차: 현금 흐름표 만들기

지금까지 매일 해온 가계부 앱을 정리하고 현금 흐름표를 만들어 봅니다.

종이를 반으로 접고 접힌 곳을 따라 길게 선을 긋습니다. 그리고 왼쪽엔 수입이라고 적고 오른쪽에 지출이라고 적습니다. 19일 동안(주말을 제외하고 평일 기준으로 실천했다면, 대략 3~4주)의 수입과 지출 내역을 차례대로 적어봅니다. 만약 가계부를 적기 시작한 날부터 시작해서 아직까지 수입(예를 들면 월급)이 생길 날짜가 되지 않았다면, 오늘은 한 달 예상 수입 액을 먼저 적어봅니다. 근로소득(본인, 배우자)과 기타소득 등 총수입을 적습니다. 지출란에는 그동안 지출했던 항목을 적고 마찬가지로 가계부 앱을 적기 시작한 날짜로부터 아직 빠져나가지 않았지만 곧 나갈 고정 지출 비용까지 적습니다.

이렇게 수입과 지출을 정리하고 나면 대략적인 한 달 우리 집 돈의 흐름이 보이게 됩니다. 이렇게 정리한 것은 기업의 현금흐름을 나타내는 현금흐름표와 같습니다. 우리 가정이 지금 적자 생활을 하고 있는지 흑자 생활을 하고 있는지, 적자를 줄이기 위해 무엇을 조정해야 하는지 반대로 흑자를 늘이기 위해 무엇을 조정해야 하는지 한눈에 볼 수 있습니다.

이 정리를 하루에 단번에 끝내지 못하더라도 단톡방으로는 표를 만든 것만이라도 인증합니다. 하나씩 차근차근 시작해보는 것이 중요합니다.

지금까지 20일 동안 부자가 되는 경제 습관 만들기 기본 루틴 소개를 마쳤습니다. 이중에는 매일 해야 하는 것도 반대로 분기별로 한 번씩 해야 하는 것들도 있습니다. 20일을 기본 과정이라 생각하고 이중에서 자신의 금융 환경에 맞춰 매일 할 것과 주간 단위, 월간 단위, 혹은 분기 단위로 할 수 있는 것들을 따로 정리해서 매일 습관으로 하나씩 만들어봅니다. 한 번에 갑자기 부자가 될 수 없는 것처럼, 습관 만들기도 한 번에 되지 않습니다. 그래서 함께 실천할 수 있는 동료들과 함께 하는 것이 무엇보다 중요합니다. 만약 이도 어렵다면 개인 SNS에서 나의 실천 활동을 매일매일 기록하듯 남기는 것도 좋습니다.

다시 한번 정리해보겠습니다. 20일 부자가 되는 경제 습관 만들기의 핵심은 두 가지입니다. 첫 번째는 내 돈의 흐름을 파악하고 적절히 조정하는 것입니다. 여기에서는 수입보다 지출 관리가 최우선입니다. 두 번째는 스스로 돈이 일하는 시스템 만들기입니다. 돈이 나를 위해서 일하는 방법을 모색하고 구축하는 것입니다. 그런 다음 이곳으로 나의 돈을 씨뿌리듯 차곡차곡 넣는 것입니다.

많은 사람들이 돈을 모으고 싶어하지만 돈이 모이지 않는 이유는 수입이 적거나 지출이 크거나 돈 관리를 하지 않기 때문입니다. 그렇다면 수입을 늘리고 지출을 줄이고 돈 관리를 하면 됩니다. 어떻게 수입을 늘리고 어떻게 지출을 줄이고 어떻게 관리할지 그 생각을 처음으로 해보는 것이 지금까지 설명드린 20일 실천 습관입니다.

💬 습관 실천을 함께 할 수 있는 단톡방 안내

아래 QR코드를 핸드폰으로 스캔한 다음 안내되는 카톡방으로 입장하시면 20일 습관 실천을 저(김영옥 강사)와 함께 그리고 함께 공부하는 분들과 같이해볼 수 있습니다.

우리 아이 평생 경제력 이렇게 가르칩니다
: 경제 초보 엄마도 한다! 부의 시스템을 물려주는 습관

초판 1쇄 발행 2022년 4월 16일

지은이 김영옥
펴낸이 김옥정

만든이 이승현
디자인 페이지엔

펴낸곳 좋은습관연구소
주소 경기도 고양시 후곡로 60, 303-1005
출판신고 2019년 8월 21일 제 2019-000141
이메일 buildhabits@naver.com
홈페이지 buildhabits.kr

ISBN 979-11-91636-21-5

* 이 책은 저작권법에 따라 보호받는 저작물이므로 무단 전재와 복제를 금지합니다.
* 이 책의 내용 전부 혹은 일부를 이용하려면 바드시 좋은습관연구소로부터 서면 동의를 받아야 합니다.
* 잘못된 책은 구매하신 서점에서 교환 가능합니다.

좋은습관연구소에서는 누구의 글이든 한 권의 책으로 정리할 수 있게 도움을 드리고 있습니다. 메일로 문의주세요.